Jutta Bläsius

Wolle, Knöpfe, Schachtelspaß

Jutta Bläsius

Wolle, Knöpfe, Schachtelspaß

Spiele mit Alltagsmaterialien
für Kinder von 3 bis 7

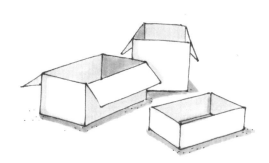

FREIBURG · BASEL · WIEN

Erläuterung der Symbole:

  Einzelbeschäftigung   Spielort drinnen

  Partnerspiel   Spielort draußen

  Kleingruppe (3 bis 10 Kindern)

  Großgruppe (ab 10 Kindern)

© Verlag Herder GmbH, Freiburg im Breisgau 2011
Alle Rechte vorbehalten
www.herder.de

Umschlaggestaltung: SchwarzwaldMädel, Simonswald
Illustration Umschlag: Klaus Puth, Müllheim
Illustrationen Innenteil: Elisabeth Lottermoser, Gütersloh
Layout, Satz und Gestaltung: Arnold & Domnick, Leipzig
Druck und Bindung: GRASPO CZ, Zlín

Gedruckt auf umweltfreundlichem, chlorfrei gebleichtem Papier
Printed in the Czech Republic

ISBN 978-3-451-32422-2

Inhalt

Einleitung

Spielen mit Alltagsmaterialien 6

Kinder spielerisch fördern 7

Alltägliches spielerisch entdecken

Kartons 11

Kleine Schachteln 17

Knöpfe 23

Haushaltsschwämme 29

Schnürsenkel 33

Wolle 39

Trinkhalme 45

Blechdeckel 51

Briefumschläge 57

Büroklammern 62

Sicherheitsnadeln 67

CDs 74

Spieleregister 79

Einleitung

SPIELEN MIT ALLTAGSMATERIALIEN

Alltagsgegenstände werden als Spiel- und Beschäftigungsmaterial immer noch recht wenig eingesetzt. Meist bestimmen überwiegend klassische Spiel- und Beschäftigungsgegenstände wie Brettspiele, Puzzles, Legos oder Bauklötze das Spielgeschehen.

Tatsächlich kommt Kindern die Beschäftigung mit Alltagsmaterialien aus unterschiedlichen Gründen entgegen. Dinge aus dem täglichen Leben stellen eine willkommene Abwechslung dar und besitzen einen hohen Aufforderungscharakter. Da es Materialien sind, die Erwachsene im täglichen Leben benutzen, regen sie Kinder zum Nachahmen an und provozieren so die unterschiedlichsten Formen der Auseinandersetzung. Zudem fordern diese Materialien die Kreativität und Fantasie der Kinder heraus, wenn sich beispielsweise ein Karton in eine Waschmaschine, ein anderes Mal in einen Zug oder in einen Lastwagen verwandelt.

Über die Beteiligung beim Sammeln von Alltagsmaterialien haben die Kinder einen besonderen Zugang zu diesen Gegenständen. Sie gehen in Spielsituationen oft achtsamer damit um, da es „ihr" Material ist. Außerdem fordern Dinge aus dem Alltag meist eine behutsamere und sorgsamere Handhabung als gängige Materialien wie beispielsweise Bauklötze, Legosteine oder Holzspiele. Das Hantieren mit Schachteln, Briefumschlägen oder Trinkhalmen in Spielsituationen offenbart sofort den groben, leichtsinnigen Umgang mit den Dingen: sie zerreißen, zerknittern, gehen kaputt.

Da Gegenstände des alltäglichen Gebrauchs in der Regel risiko- und verletzungsfrei gehandhabt werden können, muss keine übermäßige Reglementierung seitens des Erwachsenen erfolgen. Die Kinder können selbständig und kreativ mit den Dingen hantieren und experimentieren, um neue Beschäftigungsmöglichkeiten zu entdecken. Es herrscht freie Bahn für kindliche Neugierde, Wissbegierde sowie den Forscher- und Entdeckerdrang der Kinder.

Auch beim Einsatz von Alltagsmaterialien gilt es, ein paar Dinge zu beachten. Die Kinder sollten mit der richtigen Handhabung vertraut gemacht und auf Gefahren hingewiesen werden.
- Knöpfe, Büroklammern und Sicherheitsnadeln (auch ergänzende Spiel- materialien wie Erbsen, Steinchen etc.) sind verschluckbare Kleinteile, die nicht in den Mund genommen und außerdem nicht in die Hände von unter 3-Jährigen gelangen dürfen.
- Briefumschläge haben, genauso wie einfache Papierbögen, scharfe Kanten. Auch deshalb muss beim Öffnen und verschließen von Umschlägen behutsam vorgegangen werden.
- Scheren sind scharf, sonst würden sie nicht schneiden. Vorsicht ist also geboten. Zudem sollten ausschließlich Kinderscheren mit abgerundeter Spitze zum Einsatz kommen.

Im Umgang mit den Dingen sammeln die Kinder Körper-, Sinnes-, Sozial-, Um- welt-, Kreativitäts- und Raumerfahrungen, und so lassen sich Alltagsmaterialien spielerisch zur Förderung unterschiedlicher Bereiche einsetzen.

KINDER SPIELERISCH FÖRDERN

Die folgenden Kompetenzen stehen bei der spielerischen Auseinandersetzung mit Alltagsmaterial im Mittelpunkt, wobei die Aspekte „Konzentration" und „So- zialverhalten" bei allen Spielideen grundlegend sind:

Grob- und Feinmotorik
Kinder, die vielfältige Bewegungsmöglichkeiten nutzen, verbessern ihre Grobmo- torik und sammeln wichtige Erfahrungen in den unterschiedlichsten Bereichen (Wahrnehmung, Sprache, Kognition, Emotionalität, Sozialverhalten).
Die Grobmotorik wird vor allem durch unterschiedliche Bewegungsspiele ge- schult, etwa, wenn Blechdeckel eingesammelt werden, wenn die Kinder über einen Karton hüpfen, sich im Wettlauf messen oder einen Karton über eine Weg- strecke ziehen.

Eine ausreichend entwickelte Grobmotorik ist die Basis für eine gut ausgebildete Feinmotorik. Die Feinmotorik der Kinder wird geschult, wenn sie z. B. eine CD als Kreisel drehen oder die Knoten an einer Schatztruhe lösen.

Soziale Kompetenzen und Sozialverhalten

Kinder erleben tagtäglich vielfältige soziale Prozesse in unterschiedlichen Kontexten. In der Gruppe erwerben sie wichtige soziale Kompetenzen wie Toleranz, Selbstdisziplin, Kritikfähigkeit, Empathie, Respekt oder Konfliktfähigkeit.
Alle Spiel- und Beschäftigungsideen mit Alltagsmaterial, die in diesem Buch vorgestellt werden, fördern das soziale Miteinander. So müssen die Kinder in Staffelspielen ihre Teamfähigkeit beweisen oder mit Sicherheitsnadeln aneinander gesteckt Rücksicht aufeinander nehmen. Auch bei anderen Spielen geht es immer wieder darum, über den eigenen Betrachtungshorizont hinauszuschauen und sich in andere hineinversetzen zu können.

Sprachkompetenz

Im spielerischen Umgang mit Alltagsmaterial erweitern Kinder ihren Wortschatz. Sie üben, in ganzen Sätzen zu sprechen, Dinge zu benennen, Sachverhalte darzustellen, sich klar und verständlich zu äußern, ein Material zu beschreiben oder anderen zuzuhören.
Zu den Vorläuferkompetenzen gehört die Regulierung des Luftstroms, die gezielte Dosierung des Atems und das Lippentraining.

Mathematische Vorläuferkompetenzen

Kinder benötigen mathematische Vorläuferkompetenzen, um ein solides Zahlen- und Mengenverständnis aufbauen zu können. Gerade im Umgang mit Alltagsmaterial können sie spielerisch vielfältige mathematische Vorläuferkompetenzen erwerben, erweitern und festigen. So lernen sie beispielsweise beim Einstecken von unterschiedlich großen Karten in Briefumschläge Maße abzuschätzen. Sie üben sich mit aus Wolle gedrehten Kordeln im Messen unterschiedlicher Gegenstände und beobachten, wie sich Mengen verringern oder durch Hinzufügen vergrößern.

Wahrnehmungskompetenzen

Eine gut funktionierende Wahrnehmung ist eine wichtige Voraussetzung, damit Kinder sich die Welt sinnvoll erschließen können. Die in diesem Buch vorgestellten Spiele mit Alltagsmaterialien bieten geeignete Übungsmöglichkeiten. Die Kinder ertasten Sicherheitsnadeln, ordnen Deckel den passenden Umrissen zu oder lauschen, ob die Murmeln im Karton zu hören sind. Visuelle, taktile und akustische Wahrnehmung werden spielerisch gefördert.

Koordination

Die Gleichzeitigkeit von Abläufen, das In-Einklang-Bringen von Bewegungen, die Auge-Hand-Koordination, all das übt sich mit Leichtigkeit bei der lustvollen Beschäftigung mit den Spielanregungen in diesem Buch.

Konzentration und Ausdauer

Konzentration und Ausdauer lassen sich vor allem mit Angeboten fördern, deren Inhalte Kinder ansprechen und interessieren. Gerade Beschäftigungsideen mit Alltagsmaterialien wecken das Interesse der Kinder, da hier Materialien und Gegenstände zum Einsatz kommen, die sie in der Regel nicht als Spielmaterial nutzen und mit denen Erwachsene tagtäglich hantieren.

Kreativität

Der fantasievolle Umgang mit ganz gewöhnlichen Dingen fordert und fördert das kindliche Vorstellungsvermögen und die Kreativität. Wenn die Schachtel zum Ufo und der Schnürsenkel zur Schlange wird, macht das einerseits großen Spaß, andererseits stärkt das die Fähigkeit von Übertragungsleistungen, die ein Leben lang beim Finden von Lösungen und Beschreiten neuer Wege hilfreich sein kann.

Alle Spiele in diesem Buch eignen sich mit kleinen Abwandlungen für die Altersspanne von 3–7 Jahren.

Alltägliches spielerisch entdecken

Die Beschäftigung mit Alltagsmaterial kann in Einzel-, Partner- oder Gruppenarbeit erfolgen. Somit können die Kinder entsprechend ihrem momentanen Bedürfnis alleine oder mit anderen tätig werden.

KARTONS

Kartons fallen als Verpackungsmaterial immer wieder an. Sie sind viel zu schade, um sie nach dem Ausräumen ins Altpapier zu geben. Kartons in unterschiedlichen Größen und Formen können die Basis vieler Spiel- und Bewegungsideen sein. Hier wird vor allem die Motorik der Kinder geschult. Im Folgenden sind einige Beispiele aufgeführt.

Die Zugfahrt

Förderschwerpunkte: Grob- und Feinmotorik, Koordination
Material: großer Karton, reißfeste Schnur, kleine Softbälle oder Sandsäckchen

Die Schnur wird an dem Karton befestigt. Ein Kind übernimmt die Aufgabe, den Karton an der Schnur über eine festgelegte Strecke über den Boden zu ziehen. Dieses Kind ist der Zugführer, der Karton ist der Waggon. Die restlichen Kinder erhalten die Bälle und Säckchen. Sie stellen sich hinter einer Linie nebeneinander auf.
Nach dem Startzeichen läuft das Kind mit dem Karton an der Schnur los. Die anderen Kinder versuchen, die Bälle bzw. Sandsäckchen in den Karton zu werfen, während der Karton in einigem Abstand an ihnen vorbeigezogen wird. Je schneller das Kind läuft, umso schwieriger wird dies. Je nach dem zur Verfügung stehenden Raum und der Anzahl der Materialien kann das Kind mit dem Karton die festgelegte Strecke anschließend zurück laufen. Am Ende wird gezählt, wie viele Gegenstände in der Kiste gelandet sind.
Dann darf das nächste Kind sein Glück als Zugführer versuchen. Wem gelingt es, die wenigsten Materialien zu transportieren?

Lastwagenspiel

Förderschwerpunkte: Grob- und Feinmotorik
Material: pro Team ein großer Karton und zwei Gymnastikstäbe, Cutter, verschiedene Materialien (z. B. Bälle, Seile, Sandsäckchen, Stäbe, Reifen)

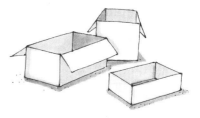

Vorbereitung: In die Kartons werden an den Schmalseiten parallel zueinander 2 Löcher in der Größe der Gymnastikstäbe ausgeschnitten. Die Stäbe werden durch die Löcher geschoben und schon ist eine Kartontrage fertig.

Jeweils zwei oder vier Kinder sind ein Team, das den Karton an den Enden der Gymnastikstäbe trägt. Im Spiel verwandeln sich die Kartons in Lastwagen, die Kinder sind die Fahrer. Jedes LKW-Team erhält die gleiche Anzahl an Materialien. Diese werden am Ladeplatz gesammelt. Nach dem Startzeichen laden die Kinder immer ein Teil in den Karton. Es wird zum Entladeplatz gebracht und hier wieder ausgeladen. Der LKW fährt zurück zum Ladeplatz, nimmt ein neues Teil auf und transportiert es ebenfalls zum Entladeplatz. Das wird so lange wiederholt, bis alle Materialien von A nach B gefahren wurden. Das LKW-Team, dem dies zuerst gelingt, ruft „stopp". Damit ist das Spiel beendet.

Variation für ältere Kinder: Die Kinder überwinden während des Transports unterschiedliche Hindernisse.

Hinweis: Sollten die Löcher für die Tragestäbe versehentlich zu groß geraten sein, können die Stäbe mit Einmachgummis fixiert werden.

> Pappe wurde ursprünglich in China entwickelt. Das Material entstand durch Zusammenkleben oder -pressen von Zellstoff oder Altpapier. Im Westen ist eine Variante aus zusammengeklebtem Papier seit dem 13. Jahrhundert bekannt.
> 1817 begann in England die Massenfertigung von Pappboxen. Die schwedische Erfindung des Tetrapaks in den späten 1950er-Jahren erschloss ein weiteres Einsatzgebiet.

Schwieriger Pakettransport

Förderschwerpunkte: Feinmotorik, visuelle Wahrnehmung, Koordination
Material: großer Karton, Cutter, 5–6 Tischtennisbälle

Vorbereitung: In den Boden des Kartons (und in die unteren Ecken) werden an unterschiedlichen Stellen Löcher geschnitten, die einen etwas größeren Durchmesser haben als die Tischtennisbälle.

Die Tischtennisbälle werden in den Karton gelegt und der Karton wird verschlossen. Die Kinder sitzen auf Stühlen im Kreis. Das erste Kind beginnt. Es nimmt den Karton und bringt ihn zu einem anderen Kind. Dabei darf kein Tischtennisball durch eines der Löcher im Boden herausfallen. Das Kind, das den Karton entgegennimmt, trägt ihn wiederum zu einem anderen Kind. So wandert das Paket einmal im Kreis herum.
Aufgabe der Gruppe ist es darauf zu achten, dass am Ende noch möglichst viele Tischtennisbälle in dem Karton liegen. Dies ist ein ganz schön schwieriger Pakettransport.

> Einfache Spiele mit Kartons
> - Ein Kind sucht sich einen Karton aus, steigt hinein und versteckt sich darin.
> - Die Kinder packen unterschiedlich große Gegenstände in die passenden Kisten. Was passt wo hinein?
> - Hinter einer Linie stehend werfen die Kinder Kissen, Sandsäckchen, Softbälle u. Ä. in einen Karton.
> - Ein großer Karton wird mit Wasser- oder Fingerfarben bunt gestaltet.
> - Große Kartons werden z. B. zu Häusern oder Fahrzeugen umfunktioniert bzw. umgestaltet.

Einmauern

Förderschwerpunkte: Grob- und Feinmotorik
Material: Kartons

Ein Kind setzt sich im Schneidersitz auf den Boden. Die Mitspieler bauen nun möglichst nahe um dieses sitzende Kind herum eine Mauer aus Kartons. Sind alle Kartons verbaut, soll das „eingemauerte" Kind aufstehen, ohne die Mauer zum Einsturz zu bringen. Wenn die Kinder die Kartons versetzt übereinander stapeln, kann die Mauer stabil und hoch gebaut werden.

Die Überraschungskiste

Förderschwerpunkte: auditive und taktile Wahrnehmung
Material: großer Karton; Cutter; Stofftier, Ball, kleines Kissen o. Ä.

Vorbereitung: In die Wände und den Deckel des Kartons werden Löcher in unterschiedlichen Größen geschnitten.

Der Gegenstand wird in den Karton gelegt, ohne dass die Kinder ihn sehen. Der Karton wird verschlossen. Die Kinder sollen herausfinden, was in der Kiste versteckt ist. Dazu können sie durch die Löcher im Karton schauen. Sie können die Kiste auch hochheben und sie schütteln. Wer findet am Ende heraus, was sich darin befindet? Nachdem jedes Kind einen Tipp abgegeben hat, wird die Kiste geöffnet. In einem anschließenden Gespräch können die Kinder erzählen, wie sie zu ihrer Vermutung kamen.

Schieberei

Förderschwerpunkte: auditive Wahrnehmung
Material: großer Karton, Augenbinde

Die Kinder sitzen im Kreis auf dem Boden. Ein Kind zieht sich die Augenbinde über. Nun beginnt die Schieberei. Der Karton wird durch die Kreismitte immer wieder von Kind zu Kind geschoben. Nach ein paar Minuten stoppt das Spiel. Das Kind mit den verbundenen Augen ist nun an der Reihe. Es soll dorthin zeigen, wo es vermutet, dass der Karton nach der letzten Schieberei steht. Stimmt seine Vermutung, rufen die Kinder gemeinsam: „1, 2, 3, die Schieberei ist nun vorbei." Das Kind nimmt die Augenbinde ab. Steht der Karton an einer ganz anderen Stelle, geht das Spiel weiter. Die Kinder sprechen dann den Satz: „1, 2, 3, die Schieberei ist leider nicht vorbei!"

Achtung, Gefahrguttransport

Förderschwerpunkte: auditive Wahrnehmung, Grob- und Feinmotorik, Koordination
Material: großer Karton, Seile, Cutter

Vorbereitung: In den Karton werden von der Spielleitung vor Spielbeginn mit dem Cutter kleine Kreuze geschnitten. Die Kreuze sollten in einer Höhe auf allen Seiten des Kartons angeordnet sein.

Die Kinder ziehen die Seile durch die Kreuze im Karton. Jedes Kind nimmt ein Seilende in die Hände. Ziehen alle an ihrem Seil, hebt der Karton vom Boden ab. Er kann nun von den Kindern zu einer beliebigen Stelle im Raum getragen werden. Da es sich um einen Gefahrguttransport handelt, muss hier besonders vorsichtig vorgegangen werden. So darf der Karton beispielsweise nicht den Boden berühren. Die Kinder müssen ihn zudem auf einem markierten Feld abstellen. Das gelingt nur, wenn alle „an einem Strang" ziehen. Besonders anspruchsvoll wird der Transport, wenn dabei Hindernisse zu überwinden sind.

Die Glückskiste

Förderschwerpunkte: Grob- und Feinmotorik
Material: 1–2 große Kartons

Die Kinder spielen Fangen. Je nach Gruppengröße sind dabei 1–2 große Kartons mit im Spiel. Es sind die Glückskisten. Wer sie in den Händen hält, der kann nicht vom Fänger abgeschlagen werden. Wer einen Karton trägt muss aufpassen, welches Kind Hilfe braucht, damit es nicht vom Fänger erwischt wird. Es muss schnell dafür sorgen, dass dieses Kind die Glückskiste bekommt (werfen, über den Boden schieben). Das Spiel ist beendet, wenn das erste Kind vom Fänger abgeschlagen wird.

Waschtag

Förderschwerpunkte: visuelle Wahrnehmung
Material: großer Karton, Cutter

Vorbereitung: Vor Spielbeginn wird in eine Seite des Kartons ein Loch geschnitten. Es muss so groß sein, dass etwas durch das Loch aus dem Karton gezogen werden kann.

Der Karton steht in der Kreismitte. Er stellt die Waschmaschine dar. Jedes Kind gibt ein Kleidungsstück von sich hinein. Dann wird der Karton oben verschlossen. Ein Kind beginnt mit dem Spiel. Es greift durch das Loch im Karton und zieht ein Kleidungsstück heraus. Wem gehört es wohl? Hat das Kind den Besitzer gefunden, bringt es ihm sein Teil zurück. Dieses Kind ist nun an der Reihe, ein neues Teil aus der Waschmaschine zu ziehen und den Besitzer zu finden. Lehnt das Kind, dem es das Kleidungsstück zuschreibt, jedoch ab, weil es nicht seines ist, kommt das Teil zurück in die Waschmaschine. Das Kind muss erneut sein Glück versuchen. Ist die Waschmaschine leer geräumt, endet das Spiel.

Schleichende Indianer

Förderschwerpunkte: auditive Wahrnehmung, Grob- und Feinmotorik, Koordination
Material: 3–4 große Kartons; Tischtennisbälle, Murmeln, Glöckchen o. Ä., Triangel

Die Kinder bilden zwei Gruppen. Die Kinder der einen Gruppe suchen sich einen Platz im Raum. Hier stellen oder setzen sie sich im Schneidersitz auf den Boden und schließen die Augen. Die zweite Gruppe ist 2–3 Kindern kleiner. Die Kinder der zweiten Gruppe bekommen jeweils einen Karton, in dem sich Bälle, Murmeln, Glöckchen o. Ä. befinden. Die Kartons sind verschlossen. Diese Kinder verwandeln sich in Indianer. Sie tragen jeder einen Karton und bewegen sich damit im Raum umher. Ertönt die Triangel, stellen sie sich mit ihrem Karton hinter eines der Kinder der ersten Gruppe.
Jedes Kind, das vermutet, dass niemand hinter ihm steht, hebt den Arm. Anschließend öffnen die Kinder die Augen und überprüfen die Vermutung. Waren die Indianer so leise, dass die anderen Kinder sie nicht gehört haben?

KLEINE SCHACHTELN

Kleine Schachteln und Kartons kennen die Kinder aus den unterschiedlichsten Lebensbereichen. Sie beteiligen sich gerne und ausgiebig am Sammeln, da dieses Material im häuslichen Umfeld immer wieder als Abfallprodukt anfällt und zudem einen hohen Aufforderungscharakter hat. Werden große Mengen benötigt, kann man diese zusätzlich z. B. in Apotheken sammeln lassen.
Kleine, handliche Schachteln bieten eine Vielzahl an Einsatzmöglichkeiten, die im Spiel genutzt werden können. Schachteln haben unterschiedliche Größen, unterschiedliche Formen, sind mehrfarbig, mit Schrift, Zahlen und Bildern gestaltet. Sie haben unterschiedliche Verschlusstechniken, können verschieden große Gegenstände aufnehmen. Man kann sie zu Spielzwecken zerschneiden, bemalen oder bekleben. Und wenn im Eifer des Spielgeschehens eine Schachtel kaputt geht, ist es auch nicht weiter tragisch.

Der Schatzwächter

Förderschwerpunkte: Grob- und Feinmotorik, auditive Wahrnehmung
Material: kleine Schachteln, Glöckchen

Ein Kind wird zum Schatzwächter. Es versteckt das Glöckchen in einer beliebigen Schachtel, ohne dass die anderen Kinder dies sehen.
Der Schatzwächter verteilt alle Schachteln auf dem Boden und setzt sich daneben. Dann schließt er die Augen. Die Kinder schleichen sich nun der Reihe nach einzeln aus einiger Entfernung an die Schachteln heran und versuchen, eine beliebige davon zu nehmen. Aber das muss recht vorsichtig geschehen. Hat ein Kind den Karton mit dem Glöckchen gegriffen und dieses gibt ein Geräusch von sich, darf der Schatzwächter sofort die Augen öffnen. Er versucht nun, das Kind mit der Schachtel abzuschlagen, bevor dieses ein zuvor vereinbartes Ziel erreicht hat. Gelingt ihm das, tauschen beide die Rollen. Gelingt es ihm nicht, muss das Kind für eine weitere Runde Schatzwächter sein.

Variation für jüngere Kinder: Der Schatzwächter schließt die Augen. Die anderen Kinder schleichen sich an und versuchen möglichst leise eine Schachtel wegzunehmen. Der Schatzwächter ruft „stopp" sobald er glaubt, dass ein Kind die Schachtel mit dem Glöckchen genommen hat. Stimmt seine Vermutung, ist das Spiel zu Ende. Stimmt sie nicht, geht das Spiel weiter.

> In Folge des Wirtschaftsaufschwungs in der Gründerzeit um 1900 entstand eine erhöhte Nachfrage nach ansprechend verpackten Gebrauchsgütern. Hier entstanden die Markenartikel, deren Verpackung der Haltbarkeit und Werbewirksamkeit dienen musste. Schachteln spielten dabei für die Herausbildung von Markenartikeln oft eine große Rolle. Das äußere Erscheinungsbild dieser Schachteln mit bestimmten Schriftzügen, Symbolen oder Werbesprüchen wird bis in die heutige Zeit nur sehr behutsam verändert und an aktuelle Trends angepasst.

Leicht oder schwer?

Förderschwerpunkte: taktile Wahrnehmung, mathematische Vorläuferkompetenzen
Material: 6–8 Schachteln, verschiedene Gegenstände

Vorbereitung: Die Spielleitung gibt vor Spielbeginn in eine Schachtel einen schweren Gegenstand (z. B. Stein), in die restlichen Schachteln kommen jeweils leichtere Materialien (z. B. Knopf, Perle, Nuss usw.).

Die Schachteln werden auf dem Tisch verteilt ausgelegt. Die Kinder dürfen nun nach und nach alle Schachteln anheben. Die Schachteln sollen nicht geschüttelt, sondern lediglich kurz angehoben werden. Wer kann am Ende sagen, in welcher Schachtel sich der schwere Gegenstand befindet? Nachdem alle Kinder einen Tipp abgegeben haben, wird das Geheimnis gelüftet.
Die Kinder schließen die Augen. Der schwere Gegenstand wird in einer anderen Schachtel versteckt und das Spiel kann erneut beginnen.

Gekröntes Haupt

Förderschwerpunkte: Kreativität, Feinmotorik, Koordination
Material: flache Schachteln in verschiedenen Größen

Die Kinder versuchen, auf ihrem Kopf eine „Krone" aus Schachteln zu bauen. Wie sie dies machen, bleibt ihnen selbst überlassen. Mehrere Versuche sind natürlich erlaubt. Gelingt es einem Kind, sich eine „Krone" aus einer zuvor festgelegten Anzahl von Schachteln aufzusetzen und einige Sekunden oder gar Minuten auf dem Kopf zu halten, wird es zum Schachtelkönig oder zur Schachtelkönigin ernannt. Wer kann als nächstes zum König oder zur Königin gekrönt werden?

Paketpost

Förderschwerpunkte: Grob- und Feinmotorik, Koordination
Material: viele Schachteln in unterschiedlichen Größen, Reifen

Die Kinder bilden zwei Mannschaften. Jede Mannschaft wählt die Plätze für die Reifen selbst aus. Sie müssen so gelegt werden, dass sie von einer Raumwand zur anderen oder zwischen 2 Markierungslinien im Außengelände liegen.
Jedes Kind sucht sich einen Reifen aus und stellt sich hinein. Dieser Platz darf nicht mehr verlassen werden.
Die Kinder im ersten Reifen haben jeweils die gleiche Anzahl an Paketen (Schachteln) vor sich liegen. Nach dem Startzeichen nehmen sie eine beliebige Schachtel und werfen sie zum nächsten Kind. Dieses fängt die Schachtel auf und wirft sie wiederum zum nächsten Kind. So wandern die Pakete weiter bis zum letzten Kind, das sie vor sich ablegt.
Fallen Pakete während des Transports auf den Boden, müssen sie liegen bleiben.
Das Spiel kann mit zwei unterschiedlichen Zielen gespielt werden:
- Welche Mannschaft kann die meisten Pakete sicher von A nach B transportieren?
- Welche Mannschaft kann am schnellsten alle Pakete von A nach B befördern?

Hinweis: Für dieses aktionsreiche Spiel wird viel Platz benötigt.

Einkaufspiel

Förderschwerpunkte: Sprache, visuelle Wahrnehmung
Material: viele verschiedene kleine Schachteln mit Aufdrucken aus unterschiedlichen Bereichen (Apotheke, Drogerie, Schuhgeschäft, Lebensmittelgeschäft), kleine Gegenstände

Vorbereitung: Vor Spielbeginn werden die Schachteln (für die Kinder nicht einsehbar) mit je einem Gegenstand gefüllt; eine Schachtel bleibt leer.

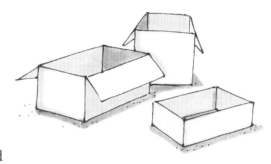

Alle Schachteln werden gut miteinander gemischt. Dann beginnt das Spiel. Das erste Kind sagt z. B.: „Ich gehe in die Apotheke und kaufe eine Hautcreme." Es nimmt sich die entsprechende Verpackung vom Tisch. Ist sie mit einem Gegenstand gefüllt, geht das Spiel weiter. Die Schachtel wird zur Seite gelegt. Das nächste Kind ist an der Reihe. Es nennt den Einkaufsort und das, was es dort kaufen möchte. Dies wird so lange fortgesetzt, bis ein Kind die leere Schachtel „kauft". Das Spiel ist damit beendet. Die Schachteln werden wieder zurückgelegt und das Spiel kann von Neuem beginnen, nachdem von der Spielleitung heimlich eine andere Schachtel geleert wurde.

Variation für jüngere Kinder: Die Schachteln liegen auf dem Tisch. Die Kinder suchen sich reihum eine Schachtel aus und sprechen dazu den passenden Satz, z. B.: „Ich gehe in das Schuhgeschäft und kaufe ein paar Schuhe." Das Spiel ist zu Ende, wenn keine Schachtel mehr in der Spielfeldmitte liegt.

Verschlusssache

Förderschwerpunkte: Feinmotorik, visuelle Wahrnehmung
Material: Schachteln, Stoppuhr

Die Schachteln liegen mit geöffnetem Deckel auf dem Boden verteilt aus. Nach dem Startzeichen beginnt das Spiel. Alle Schachteln müssen von den Kindern verschlossen werden.

Variation 1: Die Kinder können gemeinsam gegen eine zuvor festgelegte Zeit spielen. Schaffen sie es, innerhalb von 3 Minuten alle Schachteln zu schließen?

Variation 2: Es werden zwei Mannschaften gebildet. Jede Gruppe bekommt gleich viele Schachteln, die in ihrer Spielfeldhälfte auf dem Boden ausgelegt werden. Welche Mannschaft kann zuerst alle Schachteln verschließen?

Der Schachtelschleuderwettkampf

Förderschwerpunkte: Fein- und Grobmotorik, mathematische Vorläuferkompetenzen

Material: Schachteln, Schnur, Kreide, Klebeband, Schere, Metermaß

Vorbereitung: Die Kinder gestalten sich vor dem Wettkampf eine eigene Schleuderschachtel. Dazu wird in eine Schmalseite der Schachtel ein kleines Loch gebohrt. Die Schnur (ca. 1m lang) wird durch das Loch gesteckt und innen verknotet. Die Schachtel wird wieder verschlossen und zugeklebt. Die Kinder können sie bunt bemalen oder bekleben, sodass jeder Wettkampfteilnehmer seine eigene, ganz individuelle Schleuderschachtel besitzt.

Auf den Boden wird mit Kreide ein Kreis gezeichnet. Das erste Kind stellt sich hinein. Es dreht sich mehrmals um die eigene Achse. Die an der Schnur hängende Schachtel wird dabei in der Luft mitgeschwungen. Nach 4–5 Umdrehungen lässt das Kind die Schnur los. Die Schachtel fliegt nun durch die Luft. Dort, wo sie landet, bleibt sie zunächst liegen.

Haben alle Kinder ihre Schachtel auf diese Art und Weise weggeschleudert, wird ausgemessen, welche am weitesten geflogen ist.

Einfache Spiele mit kleinen Schachteln
- Die Kinder sortieren Schachteln nach Größe.
- Sie bauen mit Schachteln einen Turm.
- Kleinere Gegenstände können in den Schachteln versteckt werden.
- Die Kinder verschließen kleine Schachteln mit unterschiedlichen Verschlusstechniken.
- Die Kinder stecken die Schachteln ineinander.
- Verschiedenste Schachteln, weiteres Bastelmaterial und Farbstifte können zum freien Gestalten bereitgelegt werden.

Hüpfspiel

Förderschwerpunkte: Grobmotorik, visuelle Wahrnehmung, Koordination
Material: Schachtel, lange Schnur, Schere

Vorbereitung: Vor Spielbeginn wird die Schachtel an der Schnur befestigt. Dazu wird in eine Schmalseite ein Loch gebohrt. Die Schnur wird durchgezogen und innen verknotet. Die Schachtel wird wieder verschlossen.

Ein Kind nimmt die Schnur mit der Schachtel. Die anderen Kinder bilden einen großen Kreis. Das Kind mit der Schachtel stellt sich in die Mitte. Es dreht sich mit der Schnur in der Hand um die eigene Achse. Die Schachtel schleift dabei über den Boden. Die im Kreis stehenden Kinder überspringen sie. Wer die Schachtel berührt oder darauf springt, der übernimmt in der nächsten Runde die Aufgabe, sich mit der Schachtel im Kreis zu drehen.

KNÖPFE

Knöpfe üben auf viele Menschen eine starke Anziehungskraft aus. Stellt man ihnen eine Dose gefüllt mit den unterschiedlichsten Knöpfen zur Verfügung, beginnt sofort ein interessiertes Wühlen, Suchen, Sortieren, Vergleichen.

Die Vielzahl der im Handel erhältlichen Knöpfe ist schier unerschöpflich. Sie unterscheiden sich in Farbe, Material (Holz, Plastik, Horn, Perlmutt, Stoff), Form (rund, oval, viereckig, dreieckig), der Anzahl der Nählöcher (1, 2 oder 4), in Größe und Verwendbarkeit (Bettbezugknöpfe, Blusenknöpfe, Jacken- oder Mantelknöpfe). Sie sind sogar in unterschiedlichen Motiven erhältlich (Spitzer, Pinsel, Auto, Blume). Dies kann im Spielbereich genutzt werden, denn ebenso unerschöpflich ist hier der Einsatz dieses Materials.

Reihen bilden

Förderschwerpunkte: mathematische Vorläuferkompetenzen, Feinmotorik, Sprachförderung

Material: unterschiedliche Knöpfe, CD-Spieler und Musik-CD

Jedes Kind erhält einen Knopf. Alle bewegen sich zur Musik durch den Raum. Dabei tauschen sie die Knöpfe untereinander immer wieder aus. Stoppt die Musik, sollen mit den Knöpfen Reihen nach verschiedenen Kriterien gebildet werden. So können die Kinder Knöpfe z. B.:

von klein nach groß,

von groß nach klein sorieren,

nach Farben (von hell nach dunkel, von dunkel nach hell),

nach Material,

nach Nählochanzahl,

nach Muster

oder abwechselnd nach verschiedenen Kriterien sortieren.

Hinweis: Bei der Auswahl der Knöpfe achtet die Spielleitung darauf, dass diese sich möglichst in vielen Kriterien voneinander unterscheiden (Größe, Farbe, Form, Material, Nählochanzahl, Motiv).

> Der Knopf hat seinen Ursprung in Zentralasien, wahrscheinlich in der Mongolei, und war bereits in der Bronzezeit bekannt. Bis ins Hochmittelalter hinein wurden in Europa andere Formen der Befestigung von Kleidungsstücken verwendet wie Fibeln, Spangen, Nesteln, Haken und Ösen. Erst im 13. Jahrhundert wurde der Knopf als Gebrauchsgegenstand verbreitet, als man das Knopfloch erfand.

Wie viele Knöpfe sind zu sehen?

Förderschwerpunkte: mathematische Kompetenzen, visuelle Wahrnehmung, Sprache

Die Kinder bilden einen Kreis. Ein Kind stellt sich in die Mitte. Es dreht sich einige Male langsam um die eigene Achse. In dieser Zeit sollten die anderen Kinder das Kind genau betrachten. Gemeinsam sprechen alle den kleinen Vers:

*„Bleib nun still stehen.
Wie viele Knöpfe sind zu sehen?"*

Das Kind in der Mitte bleibt stehen. Die Kinder schauen genau hin. Wo befinden sich an seiner Kleidung Knöpfe? Die einzelnen Kleidungsstücke werden benannt. Wie viele Knöpfe sind es? Alle zählen gemeinsam nach.

Variation für ältere Kinder: Jedes Kind zählt für sich allein die Knöpfe an der Kleidung des Kindes und nennt die ermittelte Zahl. Die Ergebnisse werden miteinander verglichen. Wer hat genau hingeschaut und richtig gezählt?

Knopfloch, Hosenknopf, Druckknopf...

Förderschwerpunkte: Sprache
Material: viele Knöpfe

Die Knöpfe liegen in der Spielfeldmitte. Reihum nennt jedes Kind ein Wort, das mit Knopf beginnt oder endet. Natürlich dürfen dabei keine Wörter doppelt genannt werden. Wem etwas Passendes einfällt, der darf sich einen Knopf aus der Spielfeldmitte nehmen.
Wenn das Spiel ins Stocken gerät, kann die Spielleitung helfen und Begriffsverbindungen aufzeigen, die sich z. B. auf den Verwendungsort (Hemdenknopf, Kragenknopf, Trachtenknopf, Uniformknopf) oder das Material (Holzknopf, Lederknopf, Elfenbeinknopf) beziehen.

Knopfbilder gestalten

Förderschwerpunkte: Kreativität, visuelle Wahrnehmung, Feinmotorik
Material: viele unterschiedliche Knöpfe in verschiedenen Farben, Formen und Größen, Filzunterlage
Für die Variation: Filzplatten, Nadel und Faden

Die Kinder legen mit den Knöpfen auf Filzunterlagen Knopfbilder. Der Fantasie sind dabei keine Grenzen gesetzt. So können einzelne Gegenstände (Haus, Blume), ganze Bilder oder bunte Muster gelegt werden. Die Filzunterlage sorgt dafür, dass nichts so leicht verrutscht.

Variation für ältere Kinder: Die Kinder gestalten die Knopfbilder auf dünnen Filzplatten. Die Knöpfe werden jedoch nicht einfach gelegt, sondern festgenäht. Die fertigen Knopfbilder können anschließend gerahmt und aufgehängt werden.

> Einfache Spiele mit Knöpfen
> - An einem kleinen Hemd oder einer Jacke üben die Kinder das Zuknöpfen.
> - Die Kinder sortieren die Knöpfe nach verschiedenen Kriterien (Größe, Farbe, Form).
> - Die Kinder legen die Knöpfe als Fühlstraße auf den Boden und gehen barfuß darüber.
> - Knöpfe können auf einer Schnur aufgefädelt werden.
> - Aus einer Schachtel mit vielen verschiedenen runden Gegenständen suchen die Kinder alle Knöpfe heraus.
> - Unterschiedlich viele Knöpfe kommen in kleine Schachteln. Die Kinder machen damit Knopfmusik.
> - Knöpfe liegen auf dem Boden und sollen mit den Zehen aufgehoben werden.

Ab in den Teich

Förderschwerpunkte: Feinmotorik, visuelle Wahrnehmung
Material: viele große und kleine Knöpfe, blaues Tuch

Die Kinder haben die Aufgabe, alle Knöpfe auf das in der Tischmitte oder auf dem Boden liegende Tuch zu befördern. Sie knipsen dazu mit einem großen Knopf auf den Rand eines kleineren Knopfes. Natürlich müssen die Kindern vor offiziellem Spielbeginn genügend Zeit zum Ausprobieren dieser Technik haben. Dann schaffen es alle bestimmt ganz schnell, die „Knopffrösche" in den Teich (ausgelegtes Tuch) hüpfen zu lassen.

Hinweis: Vor Spielbeginn sollte ausprobiert werden, welche Knöpfe sich zum Knipsen eignen.

Knopf-Verdreherei

Förderschwerpunkte: Feinmotorik, visuelle Wahrnehmung, mathematische Kompetenzen
Material: viele flache Knöpfe mit eindeutig erkennbarer Vorder- und Rückseite, Sanduhr

Das Spielfeld wird in zwei gleich große Hälften geteilt, auch die beiden Spielergruppen sind gleich groß. Jede Gruppe erhält die gleiche Anzahl an Knöpfen. Die eine Gruppe legt ihre Knöpfe vor Spielbeginn mit der Vorderseite nach oben, die andere mit der Vorderseite nach unten in ihrer Spielfeldhälfte aus.
Dann tauschen die Gruppen die Spielfelder, denn es geht jetzt darum, die Knöpfe wieder umzudrehen. Nach dem Startzeichen geht es los. Die Sanduhr wird umgedreht. Wenn sie abgelaufen ist, endet das Spiel. Welche Mannschaft hat die meisten Knöpfe wieder umgedreht? Um das herauszufinden, müssen die Kinder am Ende alle Knöpfe sortieren und zählen.

Knöpfe zählen

Förderschwerpunkte: taktile Wahrnehmung, mathematische Kompetenzen
Material: viele verschieden große und unterschiedlich schwere Knöpfe

Ein Kind schließt die Augen und legt eine Hand auf den Tisch, Handfläche nach oben. Die anderen Spieler legen ihm nun Knöpfe (maximal so viele, wie das Kind zählen kann) einzeln nacheinander auf die Hand. Das Kind soll mit geschlossenen Augen erkennen, wie viele Knöpfe auf seine Hand gelegt wurden.

Den Weg entlang

Förderschwerpunkte: Feinmotorik, visuelle Wahrnehmung, Koordination
Material: flacher Schachteldeckel, flacher Knopf, Filzstift, Schere

Vorbereitung: Vor Spielbeginn werden in den umgedrehten Schachteldeckel mehrere Löcher geschnitten, die etwas größer sein müssen als der zum Einsatz kommende Knopf. Mit einem Stift wird ein Weg auf den Pappdeckel gemalt, der zwischen den Löchern entlang führt. Ein aufgemaltes Startfeld an einem Ende des Kartons und ein Zielfeld auf der gegenüberliegenden Seite kennzeichnen den Anfang und das Ende des Wegs.

Ein Kind legt den Knopf auf das eingezeichnete Startfeld. Der gemalte Weg gibt vor, wie dieser von hier zum Ziel gelangen muss. Er wird immer auf dieser gezeichneten Linie entlang geführt. Dazu muss der Spieler die Schachtel recht vorsichtig hin und her bewegen bzw. kippen. Gerät der Knopf durch zu hastige Bewegungen vom Weg ab und fällt durch eines der Löcher, ist das Spiel beendet. Das Kind kann erneut sein Glück versuchen oder ein anderer Spieler ist an der Reihe.

HAUSHALTSSCHWÄMME

Haushaltsschwämme spielen in unserem Alltag eine wichtige Rolle. Sie sind in verschiedenen Farben, Formen und Größen erhältlich. Wir benutzen sie im Haushalt überwiegend zu Reinigungszwecken, zum Autowaschen, zum Schminken oder beim Malen. Haushaltsschwämme können als Spielmaterial zu den unterschiedlichsten Spielen benutzt werden. Ruhige sowie bewegungsintensive Beschäftigungsideen lassen sich damit problemlos verwirklichen. Haushaltsschwämme, die für eine Kindergruppe angeschafft werden, können daher neben dem Spielbereich auch im Bewegungsalltag zum Einsatz kommen.

Verstecksuche

Förderschwerpunkte: taktile Wahrnehmung
Material: mehrere Schwämme, ein kleiner Gegenstand (Knopf, Geldstück, Bonbon o. Ä.), ein scharfes Messer

Vorbereitung: Die Spielleitung schneidet einen Schwamm mit einem scharfen Messer an einer Schmalseite ein. Ein kleiner Gegenstand wird in den entstandenen Spalt bis etwa zur Mitte des Schwamms hineingeschoben.

Alle Haushaltsschwämme liegen in einer Reihe nebeneinander. Die Kinder sollen durch Fühlen und Drücken der Schwämme erkennen, in welchem sich der Gegenstand befindet. Alle Haushaltsschwämme müssen immer wieder an die gleiche Stelle zurückgelegt werden. Wer den gesuchten Schwamm entdeckt hat, lässt sich nichts anmerken. Das Spiel ist beendet, wenn jedes Kind weiß, wo der Gegenstand versteckt ist und den präparierten Schwamm zeigen kann.

Variation für jüngere Kinder: Der Gegenstand wird in einem Schwamm versteckt. Alle Schwämme kommen in einen großen Korb. Die Kinder nehmen sich einen beliebigen Schwamm und drücken ihn. Ist darin etwas versteckt? Wenn nicht, geht die Suche weiter. Befindet sich der Gegenstand im Schwamm, wird er herausgenommen, benannt und geklärt, wozu er benutzt wird.

1937 synthetisierte eine Forschergruppe um Otto Bayer in den Laboratorien der I.G. Farben in Leverkusen zum ersten Mal Polyurethane. Polyurethane sind Kunststoffe, die je nach ihrer weiteren Verarbeitung zu Hart- oder Weichschaum werden. Von 1952 bis 1954 wurden Polyester-Schaumstoffe entwickelt, die auch in Form unterschiedlicher Haushaltsschwämme auf den Markt kamen.

Welches Bild versteckt sich hier?

Förderschwerpunkte: visuelle Wahrnehmung, mathematische Kompetenzen
Material: 6 kleine Haushaltsschwämme, Bilder in A4-Format, Pappe, Schere, Stift, Zahlenwürfel

Vorbereitung: Die Kinder suchen in Zeitschriften, Prospekten und Katalogen mehrere A4-Bilder mit den unterschiedlichsten Motiven aus. Außerdem basteln sie aus Pappe Zahlenkarten mit Zahlen von 1–6.

Ein Kind wählt eines der bereitliegenden Bilder aus. Während alle wegschauen, wird das Bild mit den Schwämmen bedeckt. Auf die Schwämme kommen die kleinen Zahlenkarten in beliebiger Reihenfolge. Alle drehen sich wieder um. Dann wird reihum gewürfelt. Die gewürfelte Zahl gibt an, welcher Schwamm entfernt werden darf. Dadurch wird ein Teil des darunter liegenden Bildes sichtbar. Wie viele Haushaltsschwämme müssen weggenommen werden, bis ein Mitspieler oder die ganze Gruppe das Bild erkennen und benennen kann?

Einfache Spiele mit Haushaltschwämmen
- Die Kinder reinigen mit einem Schwamm z.B. den Tisch oder eine Blattpflanze.
- Die Kinder reiben mit unterschiedlichen Schwämmen über verschiedene Körperteile und sammeln Sinneserfahrungen.
- Die Schwämme werden als Straße hintereinander gelegt. Die Kinder gehen barfuß darüber.
- Die Kinder sammeln Schwämme mit den Zehen auf.
- Mit Schwämmen kann eine Schwamm-Schlacht veranstaltet werden.

Diese Hand muss weg!

Förderschwerpunkte: taktile Wahrnehmung
Material: Haushaltsschwamm

Alle Kinder legen beide Hände in die Tischmitte, die Handinnenflächen nach oben. Die Spielleitung nimmt den Schwamm und beginnt mit dem Spiel. Sie fährt damit jedem Kind der Reihe nach über die Handinnenfläche und spricht dazu: „Die Hand ist sauber, die hat noch Dreck und diese Hand muss weg."
Bei der letzten Silbe müssen alle Spieler schnell die Hände vom Tisch ziehen, denn die Hand, die vom Schwamm berührt wird, darf nicht mehr zurück auf den Tisch. Das Spiel beginnt von Neuem, bis sich keine Hand mehr auf dem Tisch befindet.
Haben die Kinder das Spielprinzip verstanden, können sie dieses Spiel auch ohne Hilfe eines Erwachsenen spielen. Zur Abwechslung können auch einmal die Handrücken nach oben gedreht werden.

Turmbau

Förderschwerpunkte: Feinmotorik, mathematische Kompetenzen
Material: viele Haushaltsschwämme

Das erste Kind beginnt mit dem Turmbau, indem es einen Schwamm in die Mitte des Tisches legt. Das zweite Kind legt auf diesen einen weiteren Schwamm über Kreuz. Dies wird reihum wiederholt, bis der Turm umfällt. Derjenige, dem dieses Missgeschick passiert, darf in der neuen Runde mit dem Turmbau beginnen.
Je konzentrierter und koordinierter die Kinder arbeiten, umso höher kann der Turm werden. Hier ist zudem kooperatives Arbeiten gefragt. Durch Mitzählen wird ermittelt, wie viele Schwämme verwendet werden, bis der Turm einstürzt. Was ist die höchste Anzahl?

Wassertransport

Förderschwerpunkte: Grob- und Feinmotorik
Material: ein Haushaltsschwamm und zwei kleine Schüsseln pro Kind

Jedes Kind erhält einen Schwamm, eine kleine Schüssel mit Wasser und eine weitere Schüssel. Das Wasser soll nun mit Hilfe des Haushaltsschwammes von einer Schüssel in die andere transportiert werden. Dazu müssen die Kinder den Schwamm immer wieder in das Wasser tauchen. Hat er sich vollgesaugt, wird er über der leeren Schüssel wieder ausgedrückt. Wer kann auf diese Art und Weise zuerst das Wasser von einer Schüssel in die andere befördern?
Im Sommer kann dieses Spiel im Freien stattfinden. Hier müssen die Kinder eine festgelegte Wegstrecke zurücklegen, bevor sie den vollgesaugten Schwamm ausdrücken können.

Putztag

Förderschwerpunkte: taktile Wahrnehmung
Material: Schwämme

Jedes Kind bekommt einen Schwamm. Ein Kind, das keinen Schwamm braucht, stellt sich in die Mitte. Es sollte so wenig Kleidung wie möglich tragen. Das Kind bestimmt, in was es sich verwandeln möchte. Ist es ein alter Ofen der geschrubbt werden muss, oder möchte es gerne ein Tisch sein, der ganz schmutzig ist? Bevor es mit dem Saubermachen losgeht, wird zudem geklärt, welche Körperteile dabei nicht berührt werden dürfen.
Dann kann die Putzerei beginnen. Die Kinder wischen mit ihren Schwämmen über den Körper des in der Mitte stehenden Kindes. Dabei kann mal kräftig, mal sanft gerieben und geputzt werden. Ist alles sauber, wird der Putztag beendet.
Ein anderes Kind stellt sich als „schmutziges Objekt" zur Verfügung und das Spiel beginnt erneut.

Schwammige Suche

Förderschwerpunkte: taktile Wahrnehmung, Feinmotorik, mathematische Vorläuferkompetenzen
Material: viele gleiche Schwämme und ein Schwamm, der sich in Größe, Form oder Materialart von den anderen unterscheidet; Augenbinde; Wäschekorb

Die Haushaltsschwämme werden in einem Wäschekorb gut miteinander vermischt. Je nach Wunsch des ausgewählten Kindes schließt es die Augen oder benutzt eine Augenbinde. Das Kind hat die Aufgabe, durch Abtasten der Schwämme den einzigen zu finden, der anders ist als alle anderen. Das kann ein Schwamm sein, der kleiner oder größer als die anderen ist. Es kann ein Schwamm sein, der aus einem härteren oder weicheren, einem grob- oder feinporigeren Material besteht. Ein Schwamm kann aber auch vor dem Suchen präpariert werden. So kann man z. B. ein Loch in ihn schneiden, eine Ecke entfernen, einen Wollfaden oder einen Gummi an ihm befestigen.

SCHNÜRSENKEL

Schnürsenkel werden im Alltag zum Binden von Schuhen genutzt. Leider reißt dabei manchmal ein Schuhriemen oder er wird durch Verschleiß unbrauchbar. Beide Schnürsenkel müssen dann ersetzt werden. Da meist nur ein Riemen defekt ist, sollte der noch brauchbare aufbewahrt werden. Mit der Zeit sammelt sich so ein Vorrat an Schnürsenkeln in unterschiedlichen Längen, aus unterschiedlichen Materialien, in unterschiedlichen Farben und Durchmessern an. Aus diesem Bestand lässt sich immer wieder schöpfen und entsprechendes Material für die einzelnen Spielvorschläge auswählen.

Formen ertasten

Förderschwerpunkte: taktile Wahrnehmung, Feinmotorik
Material: Schnürsenkel, Filzunterlage, Papier
Für die Variation: Pappstücke, Klebstoff

Ein Kind legt mit einem Schnürsenkel eine beliebige Form auf die Unterlage. Natürlich können auch Zahlen oder Buchstaben dargestellt werden. Der Spielpartner dreht sich währenddessen um. Er soll anschließend mit geschlossenen Augen die Form fühlen und mit einem zweiten Schnürsenkel nachlegen. Es empfiehlt sich, die nachzulegende Form währenddessen mit einem Blatt Papier abzudecken. Dann wird das Papier entfernt und die Kinder vergleichen beide Formen miteinander. Stimmen sie überein? An welcher Stelle sind Abweichungen zu erkennen?

Variation: Die Kinder kleben unterschiedliche Muster mit den Schnürsenkeln auf Pappstücke. Im anschließenden Spiel können sie diese mit geschlossenen Augen austauschen und ertasten. Dann drehen sie die Karte um und legen das Muster nach. Um es mit dem Original zu vergleichen, wird die Musterkarte offen danebengelegt.

> Schnürsenkel, Schuhriemen oder Schuhbänder hat es offensichtlich schon im Altertum gegeben, was entsprechende Funde belegen (Ötzi). Über einen langen Zeitraum wurden Schuhe mithilfe von Schnallen befestigt. Erst Ende des 18. Jahrhunderts kamen in England Schnürsenkel in Gebrauch. Schuhe werden heute in Parallelschnürung (für elegante Schuhe), in Kreuzschnürung (für sportliche Schuhe) oder in Kombinationsschnürungen gebunden. Klettverschlüsse sind – vor allem bei Kinderschuhen – als unkomplizierte Alternative weit verbreitet.

Schlangen fangen

Förderschwerpunkte: visuelle und taktile Wahrnehmung, Feinmotorik
Material: Schnürsenkel

Ein Kind hält seine Hände zu einer flachen Schale geformt, in die die Spielleitung etliche Schnürsenkel als „Schlangen" legt. Dann schließt das Kind die Augen. Die Mitspieler versuchen nun der Reihe nach eine Schlange zu stehlen. Sobald der Schlangenwächter eine Bewegung in seinen Handflächen spürt, darf er die Hände schließen. Klemmt er dabei einen Schnürsenkel ein, muss diese „Schlange" zurück in die Schlangengrube wandern. Nach ein paar Minuten kann ein neuer Spieler sein Glück versuchen. Welches Kind ist am Ende der erfolgreichste Schlangenfänger?

Schnürsenkel einfädeln

Förderschwerpunkte: Feinmotorik, visuelle Wahrnehmung
Material: Kinderschuhe mit Schnürsenkeln zum Einfädeln

Ein Paar Schuhe steht auf dem Boden, die Schnürsenkel liegen daneben. Aufgabe des Kindes ist es, die Schnürsenkel durch die Löcher einzufädeln. Die Spielleitung zeigt dem Kind an einem Schuh genau, wie es geht. Dann fordert sie das Kind auf, die Übung am anderen Schuh zu wiederholen. Hier können die Kinder alleine arbeiten. Sie können sich aber auch im Schnürsenkeleinfädeln mit einem anderen Kind messen. Wer schafft es zuerst, seinen Schnürsenkel einzufädeln?

Lange Schlangen

Förderschwerpunkte: Grob- und Feinmotorik, visuelle Wahrnehmung
Material: Schnürsenkel, Korb

Die Kinder bilden zwei Gruppen und stellen sich in Staffelform auf. Das erste Kind läuft los, schnappt sich aus dem Korb, der einige Meter entfernt steht, einen Schnürsenkel und läuft damit zurück zu seiner Gruppe. Dort angekommen, läuft der nächste los. Dies wird so lange wiederholt, bis sich keine Schnürsenkel mehr im Korb befinden.

Nun beginnt das Schlangenlegen. Welcher Gruppe gelingt es mit den gesammelten Schnürsenkeln die längste Schnürsenkel-Schlange zu legen?

> Einfache Spiele mit Schnürsenkeln
> - Die Schnürsenkel liegen auf dem Boden. Die Kinder heben sie mit den Zehen auf.
> - Die Kinder gestalten auf einer Filzunterlage Bilder mit unterschiedlich langen und farbigen Schnürsenkeln.
> - Ein Kind legt sich auf den Boden. Sein Körperumriss wird mit Schnürsenkeln nachgelegt.
> - Die Schnürsenkel liegen in einer Kiste. Die Kinder versuchen mit möglichst vielen verschiedenen Körperteilen einen Schnürsenkel herauszunehmen (mit Zehen, zwei Füßen, zwei Ellbogen, Zähnen usw.).
> - Die Kinder legen die Schnürsenkel als Schlange auf den Boden und gehen barfuß darüber.
> - In einen Bierdeckel oder in ein Stück dicke Pappe werden mit dem Locher Löcher gestanzt. Die Materialien eignen sich zu Fädelspielen, indem die Kinder Schnürsenkel durch die Löcher stecken (Vorbereitung zum Sticken).
> - Mit einer Sicherheitsnadel können größere Kinder üben, einen Schnürsenkel z. B. durch einen Hosenbund zu ziehen.

Knoten zählen

Förderschwerpunkte: taktile Wahrnehmung, Feinmotorik, mathematische Kompetenzen
Material: langer Schnürsenkel

Während alle Mitspieler die Augen schließen, macht ein Kind in den Schnürsenkel einige Knoten. Die Schnur wandert nun hinter dem Rücken der Kinder im Kreis herum. Jeder soll herausfinden, wie viele Knoten sich in dem Schnürsenkel befinden.
Ist der Schnürsenkel ein Mal im Kreis herum gewandert, wird er zur Seite gelegt. Jedes Kind sagt, wie viele Knoten es gezählt hat. Ist die richtige Zahl genannt, werden die Knoten entfernt und der Nächste ist an der Reihe, sie in gewünschter Anzahl wieder einzuarbeiten.

Hinweis: In diesem Spiel sollten die Kinder Knoten binden können. Beherrschen sie diese Technik noch nicht, kann das Spiel Anlass sein, das Knotenbinden zu üben.

Schnürsenkel-Memory

Förderschwerpunkte: taktile und visuelle Wahrnehmung, Feinmotorik
Material: unterschiedliche Schnürsenkelpaare, Tastbeutel

Die Schnürsenkel kommen in den Tastbeutel. Reihum darf jedes Kind versuchen, ein identisches Paar durch Ertasten zu finden. Dazu zieht das Kind einen beliebigen Schnürsenkel aus dem Beutel. Es greift erneut hinein und versucht, den zweiten, gleichen Schnürsenkel zu erwischen. Stimmt der aus dem Tastbeutel gezogene Schnürsenkel mit dem ersten überein, darf das Kind sie zur Seite legen. Sind es zwei unterschiedliche Schnürsenkel, wandern sie zurück in den Sack. Das nächste Kind ist an der Reihe. Das Spiel wird so lange fortgesetzt, bis alle Schnürsenkelpaare gefunden wurden.

Auf Schlangenfang

Förderschwerpunkte: visuelle Wahrnehmung, Grob- und Feinmotorik
Material: Schnürsenkel, Wecker

Vorbereitung: Die Spielleitung verteilt vor Spielbeginn alle Schnürsenkel in einem zuvor abgegrenzten Bereich.

Die Spielleitung erzählt den Kindern, dass Schlangen aus einem Zoo entwischt sind. Da sie nicht alleine überleben können, müssen sie schnell eingefangen und in den Zoo zurückgebracht werden. Den Kindern wird die Anzahl der entwischten Schlangen genannt, damit sie wissen, wie viele Tiere sie finden müssen. Alle Kinder versuchen nun möglichst schnell die im Gelände verteilten Schnürsenkel zu finden. Ein Wecker gibt dabei die Zeit vor, in der die Schlangen eingesammelt werden müssen. Schafft es die Gruppe, alle Tiere rechtzeitig zu finden?

Den Schatz befreien

Förderschwerpunkte: Feinmotorik, mathematische Kompetenzen
Material: unterschiedlich lange Schnürsenkel, Schachtel, Zahlenwürfel, kleiner Schatz (z. B. glitzernder Schmuck, Goldmünzen aus Schokolade o. Ä.)

Vorbereitung: Die Spielleitung versteckt, ohne dass die Kinder es sehen, den Schatz in einer kleinen Schachtel, der Schatztruhe. Dann wickelt sie die Schnürsenkel um die Schatztruhe und verknotet sie immer wieder. Nachdem alle Schnürsenkel kreuz und quer verarbeitet sind, beginnt das eigentliche Spiel. Können die Kinder bereits Knoten binden, sollte ein Spieler die Schnürsenkel um die Schatztruhe befestigen.

Die Schatztruhe wird in die Mitte des Tisches gestellt. Die Kinder würfeln reihum mit dem Zahlenwürfel. Würfelt ein Spieler eine 6, schnappt er sich die Schatztruhe und beginnt, die Knoten zu öffnen. Dies darf er aber nur so lange tun, bis der nächste eine 6 würfelt. Die Schatztruhe wandert zu ihm und das Öffnen der Knoten geht weiter. Wer hat das Glück, den letzten Knoten zu lösen und damit den Schatz zu befreien? Vielleicht darf er ihn sogar behalten!

WOLLE

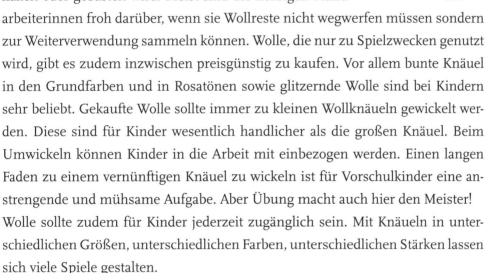

Wolle ist dort zu finden, wo gerne gestrickt, gewebt, gehäkelt oder gebastelt wird. Meist sind die fleißigen Handarbeiterinnen froh darüber, wenn sie Wollreste nicht wegwerfen müssen sondern zur Weiterverwendung sammeln können. Wolle, die nur zu Spielzwecken genutzt wird, gibt es zudem inzwischen preisgünstig zu kaufen. Vor allem bunte Knäuel in den Grundfarben und in Rosatönen sowie glitzernde Wolle sind bei Kindern sehr beliebt. Gekaufte Wolle sollte immer zu kleinen Wollknäueln gewickelt werden. Diese sind für Kinder wesentlich handlicher als die großen Knäuel. Beim Umwickeln können Kinder in die Arbeit mit einbezogen werden. Einen langen Faden zu einem vernünftigen Knäuel zu wickeln ist für Vorschulkinder eine anstrengende und mühsame Aufgabe. Aber Übung macht auch hier den Meister! Wolle sollte zudem für Kinder jederzeit zugänglich sein. Mit Knäueln in unterschiedlichen Größen, unterschiedlichen Farben, unterschiedlichen Stärken lassen sich viele Spiele gestalten.

> Einfache Spiele mit Wolle
> - Wollfäden werden mit Scheren zerschnippeln. Sie lassen sich viel leichter schneiden als Papier.
> - Gemeinsam können Kordeln gedreht werden.
> - Das Arbeiten mit dem Webrahmen, häkeln oder andere leichte Handarbeiten können eingeführt und angeboten werden.
> - Die Kinder sortieren Wollknäuel nach Farbe und Größe.
> - Den Kindern wird gezeigt, wie Wolle zu einem Knäuel gewickelt wird. Wolle liegt bereit, sodass die Kinder selbst tätig werden können.
> - Mit Wollfäden, Kleber und Stiften lassen sich schöne Bilder gestalten.

Wo geht es lang?

Förderschwerpunkte: Feinmotorik, visuelle Wahrnehmung
Material: 3 gleichfarbige, dicke Wollfäden, Karton, Schere

Vorbereitung: Die Kinder schneiden aus Karton sechs Karten. Drei davon beschriften sie als Zahlenkarten mit den Zahlen 1, 2 und 3, die anderen drei bemalen sie als Bildkarten z. B. mit Gegenständen, Tieren, Buchstaben.

Der Anfang und das Ende eines jeden Wollfadens werden in einigem Abstand auf den Tisch gelegt. Die Fadenmitten werden miteinander vermischt. An die Fadenanfänge werden die Zahlenkarten gelegt. Die Bildkarten kommen an die Fadenenden.
Jedes Kind soll nun herausfinden, zu welcher Bildkarte die Fäden 1, 2 und 3 führen. Dazu muss jeder Faden und der Weg der Wolle genau mit den Augen fixiert und verfolgt werden. Wer findet die zu den Zahlen passenden Bildkarten?

Spaghetti-Salat

Förderschwerpunkte: Feinmotorik, visuelle Wahrnehmung
Material: dicke Wolle in unterschiedlichen Farben, Schere, große Schüssel, kleine Schälchen, pro Kind eine Gabel

Die Kinder schneiden sich gleich viele lange Wollfäden in je einer Farbe zurecht. Alle Wollfäden kommen in die große Schüssel. Hier werden sie miteinander vermischt. Jedes Kind nimmt sich eine Gabel und ein kleines Schälchen. Aufgabe der Kinder ist es, die Spaghetti, die beim Kochen leider durcheinander geraten sind, zu sortieren. Dazu picken sie die Wollfäden ihrer Farbe mit der Gabel auf und legen sie in ihrem Schälchen ab. Das Spiel endet, wenn das erste Kind alle seine Spaghettifäden aus dem Topf herausgezogen hat.

Wilde Wollwickelei

Förderschwerpunkte: Feinmotorik, visuelle Wahrnehmung
Material: mehrere kleine Wollknäuel, ein kleiner, leichter Gegenstand

Vorbereitung: Vor Spielbeginn wird von der Spielleitung oder einem Kind ein kleiner Gegenstand in ein Wollknäuel eingewickelt.

Alle Wollknäuel, auch der mit dem eingewickelten Gegenstand, werden gut miteinander vermischt. Aufgabe der Kinder ist es, dieses Wollknäuel zu finden und den darin versteckten Gegenstand freizulegen. Da die Wollknäuel rein äußerlich nichts über ihren eventuellen Inhalt verraten, müssen die Kinder sie zunächst abwickeln. Dabei muss ein neues Knäuel entstehen. Die Wolle darf also nicht einfach fallen gelassen werden. Ist nichts darin versteckt, geht es mit einem anderen Knäuel weiter. Findet ein Kind den versteckten Gegenstand, ist das Spiel zu Ende.

Aus Wolle sollen die ersten Gewebe im 7. oder 8. Jahrhundert vor Chr. im Gebiet von Mesopotamien (heute Irak) gemacht worden sein, in Mexiko wurden angeblich zur selben Zeit die ersten Gewebe aus Baumwolle hergestellt. Etwa ab 400 vor Chr. wurde Wolle auch in Europa verarbeitet.

41

Spinnennetz

Förderschwerpunkte: Feinmotorik, visuelle Wahrnehmung
Material: feste, flache Pappschachtel (Schuhkartondeckel), Cutter, Wolle, Knöpfe in unterschiedlichen Größen

Vorbereitung: Die Pappschachtel bekommt am oberen Rand rundum mit einem Cutter kurze senkrechte Schnitte. Dann wird ein fester Wollfaden über die Öffnung hin und her gespannt. Es entsteht ein Spinnennetz.

Die Knöpfe werden an die mitspielenden Kinder verteilt. Sie legen reihum einen Knopf auf die Kreuzungspunkte der Wolle. Fällt ein Knopf durch das Netz, zählt das als Minuspunkt. Wer schafft es, alle seine Knöpfe auf dem Netz abzulegen?

Variation: Die Knöpfe werden wieder an die Mitspieler verteilt. Es geht im folgenden Spiel darum, möglichst viele Knöpfe durch das Netz in die Schachtel fallen zu lassen. Dabei darf kein Faden berührt werden. Geschieht dies doch, erhält der Spieler einen Minuspunkt. Wer kann all seine Knöpfe versenken, ohne an einem Faden zu wackeln?

Hinweis: Der Schwierigkeitsgrad dieses Spiels kann dem Entwicklungsstand der Kinder angepasst werden. Bei feinmotorisch weit entwickelten Kindern werden die Wollfäden mit großen Zwischenräumen gespannt und vor allem kleine Knöpfe benutzt. Spielen Kinder mit, die in diesem Bereich Schwierigkeiten haben, werden die Wollfäden dichter gewickelt. Die Kinder benutzen dann überwiegend größere Knöpfe.

Fadengetümmel

Förderschwerpunkte: visuelle Wahrnehmung, mathematische Kompetenzen
Material: dicke Wolle in unterschiedlichen Farben, Scheren, Marmeladenglas mit Deckel, Schälchen

Vorbereitung: Die Kinder schneiden vor Spielbeginn die Wolle in etwa gleich lange Fäden. Alle Fäden kommen in das Schälchen.

Ein Kind erhält das Marmeladenglas und das Schälchen mit den Fäden. Es gibt, für die anderen Mitspieler nicht sichtbar, Fäden in unterschiedlichen Farben in das Glas und verschließt es. Aufgabe der Mitspieler ist es nun, zu erkennen, wie viele Fäden in welchen Farben sich in dem Glas tummeln. Dazu darf natürlich jedes Kind das Glas in die Hand nehmen, es schütteln, drehen und von allen Seiten betrachten.

Wer kann herausfinden, wie viele Fäden in welcher Farbe an dem Fadengetümmel beteiligt sind? Nachdem jedes Kind einen Tipp abgegeben hat, wird das Glas geöffnet, die Fäden nach Farben sortiert und gezählt.

Variation: Eine etwas übersichtlichere Variante des Spiels besteht darin, dass unterschiedliche kleine Wollknäuel in einem Glas gemischt werden. Auch hier sollen die Kinder herausfinden, wie viele Knäuel in welchen Farben sich in dem Glas tummeln.

Kordel-Metermaße

Förderschwerpunkte: mathematische Vorläuferkompetenzen, visuelle Wahrnehmung, Feinmotorik
Material: Wolle, Scheren

Die Kinder drehen aus der Wolle 10 Kordeln. Die Kürzeste misst 10 cm, die Längste 1 Meter. Dazwischen haben die Kordeln jeweils 10 cm Unterschied. Dann sortieren die Kinder die Kordeln nach Länge. Sie können die Kordelschnüre aber auch nutzen, um damit Gegenstände zu messen. Wer etwas gefunden hat, das der Länge einer Kordel entspricht, legt sie zu dem Gegenstand. Können die Kinder zu jeder Kordel etwas Passendes finden?

43

Schnurrbartgespräche

Förderschwerpunkte: Sprache, taktile Wahrnehmung
Material: Wolle, Schere

Die Kinder schneiden sich Wollfäden zurecht. Ein Kind klemmt sich die Wollfäden als Schnurrbart zwischen Oberlippe und Nase. Es spricht nun einen beliebigen Satz. Dabei darf der Schnurrbart natürlich nicht herunter fallen. Können die anderen Kinder verstehen, was es sagt und den Satz auf die gleiche Weise wiederholen?

Variation für ältere Kinder: Die Kinder klemmen sich mehrere Wollfäden zwischen Oberlippe und Nase. Wer kann einen zuvor festgelegten Satz sprechen, ohne die Fäden dabei zu verlieren?

Wollfäden schnappen

Förderschwerpunkte: visuelle Wahrnehmung, Feinmotorik, mathematische Vorläuferkompetenzen
Material: Farbwürfel, Wolle in den Farben des Farbwürfels, Scheren

Vorbereitung: Von der Wolle werden vor dem Spiel in den entsprechenden Farben einzelne Fäden geschnitten und zwar von jeder Farbe ein Faden weniger als Kinder mitspielen.

Die Wollfäden liegen in der Spielfeldmitte, sodass sie von allen Kindern gut zu erreichen sind. Ein Kind würfelt mit dem Farbwürfel und alle versuchen, möglichst schnell einen Wollfaden in der gewürfelten Farbe zu schnappen. Leider geht ein Kind leer aus. Es übernimmt in der nächsten Spielrunde die Aufgabe des Würfelns.

Fadenschreiberei

Förderschwerpunkte: Sprache, Feinmotorik, visuelle Wahrnehmung
Material: dicke Filzunterlage, dicke Wolle, Schere
Für die Variation: Papier, Stift

Eine Wolle mit möglichst dickem Faden wird in unterschiedlich lange Stücke geschnitten. Die Kindern können nun auf der Unterlage einzelne Buchstaben, ihren Namen oder verschiedene Wörter mit den Wollfäden legen. Der Filz verhindert, dass die Wolle verrutscht.

Variation für jüngere Kinder: Die Spielleitung zeichnet auf ein Blatt Papier einfache Formen oder Muster. Die Kinder legen sie auf der Unterlage mit den Wollfäden nach.

TRINKHALME

Trinkhalme werden in der Regel dazu benutzt, um mit dem Mund Flüssigkeit aus einem Glas, einer Flasche o. Ä. zu saugen. Sie können aber auch in vielen unterschiedlichen Spielen als Spielmaterial dienen. Vor allem die Vielfalt an Farben und Längen, an Durchmessern und Materialien bieten Möglichkeiten, Trinkhalme im Spielbereich sinnvoll zu nutzen.

Wettsaugen

Förderschwerpunkte: Feinmotorik, sprachliche Vorläuferkompetenzen
Material: Trinkhalme, Papierstücke in unterschiedlichen Stärken

Jedes Kind erhält einen Trinkhalm und ein Stück Papier. Nach dem Startzeichen saugen alle gleichzeitig das Papier mit dem Trinkhalm an, sodass es sich vom Tisch abhebt. Wer schafft es, das Papier am längsten mit dem Trinkhalm zu halten? Fällt einem Kind das Papier wieder auf den Tisch, ist das Spiel beendet.

Hinweis: Durch die unterschiedlichen Papierstärken wird das Ansaugen mit unterschiedlicher Intensität geübt und die Mundmotorik trainiert. Stärkere Papiersorten, die eine strukturierte Oberfläche haben, können unter Umständen nicht angesaugt werden. Die Luft strömt durch die Unebenheiten in den Trinkhalm, sodass kein Unterdruck entstehen und das Papier nicht angehoben werden kann.

Einfache Spiele mit Trinkhalmen
- Die Kinder pusten mit dem Trinkhalm Luft auf unterschiedliche Stellen des Körpers.
- Sie pusten durch den Strohhalm und bewegen mit der Luft unterschiedliche Gegenstände (Federn, Watte, Papier usw.).
- Trinkhalme können ineinander geschoben und so zu einem ganz langen Trinkhalm werden, der gleich ausprobiert werden kann.
- Die Kinder zerschneiden bunte Trinkhalme in unterschiedlich große Stücke und fädeln sie anschließend mit einer großen, stumpfen Nadel als Kette oder Girlande auf.
- Trinkhalm-Mobiles entstehen, wenn die Kinder die Halme in der Mitte mit einer Nadel durchstechen und auf einen dünnen Faden aufziehen.

Der Flug der Schmetterlinge

Förderschwerpunkte: visuelle Wahrnehmung, Feinmotorik, sprachliche Vorläuferkompetenzen

Material: dünnes Papier, Schere, Trinkhalme, Papier, Buntstifte

Vorbereitung: Vor Spielbeginn malen die Kinder mit Buntstiften eine große Blume auf ein Blatt Papier. Anschließend malen sie auf das dünne Papier Schmetterlinge und schneiden sie aus. Ist ein „Wunderlocher" vorhanden, können die Kinder die Schmetterlinge auch mit diesem ausstanzen.

Die Schmetterlinge werden gleichmäßig an alle mitspielenden Kinder verteilt. Dann beginnt der Schmetterlingsflug. Jedes Kind saugt durch den Trinkhalm einen Schmetterling an und befördert ihn so auf die in der Tischmitte liegende Blume. Schaffen es die kleinen Tiere nicht beim ersten Anflug bis zur Blume, dürfen sie erneut angesaugt werden, um ihren Flug zu beenden. Besonders schwierig, aber auch lustig und spannend wird es, wenn die Kinder zum Ansaugen sehr lange, dünne Trinkhalme benutzen.

Variation: Natürlich kann auch etwas mehr Bewegung ins Spiel kommen. Dazu werden die Schmetterlinge auf dem Boden verteilt. Die Kinder müssen sie einzeln zur Blume transportieren. Schaffen alle Schmetterlinge diesen Flug?

> Vorläufer der heutigen Trinkhalme wurden aus pflanzlichen Stoffen gefertigt, daher auch der Name „Strohhalm". Heute werden Trinkhalme überwiegend aus dünnwandigem Kunststoff hergestellt. Es gibt aber auch Varianten, die aus dickwandigem Kunststoff, Edelstahl oder bruchfestem Glas gefertigt sind.

Sandpusterei

Förderschwerpunkte: Sprache, visuelle Wahrnehmung, Feinmotorik
Material: Trinkhalme, flache Schachteln (Schuhkartondeckel), Sand, Bilder mit einem einfachen Gegenstand

Jedes Kind erhält einen Trinkhalm. Die Spielleitung sucht Bilder aus, ohne dass die Kinder die Bilder sehen. Jedes Bild wird in eine flache Schachtel gelegt und komplett mit einer dünnen Schicht Sand bedeckt. Es wird nur so viel Sand aufgestreut, dass das Bild ganzflächig nicht mehr zu sehen ist. Jedes Kind stellt sich nun vor eine Schachtel. Nach dem Startzeichen beginnt die Pusterei. Die Kinder versuchen dabei, möglichst schnell den Sand vom Bild zu blasen, um zu erkennen, was darauf zu sehen ist. Sobald eines der Kinder weiß, was die Darstellung zeigt, ruft es „stopp!". Es nennt den abgebildeten Gegenstand. Hat es recht, ist das Spiel zu Ende. Stimmt das Genannte nicht mit dem Bild überein, geht das Spiel weiter.

Anpusten

Förderschwerpunkte: taktile Wahrnehmung, Feinmotorik
Material: Trinkhalme, Matte oder Decke

Die Kinder bilden Paare. Ein Kind setzt oder legt sich bequem auf die Matte bzw. Decke. Es sollte so wenig Kleidung wie möglich tragen. Die Kinder sprechen ab, welche Körperstellen tabu sind. Diese dürfen im anschließenden Pustespiel nicht angepustet werden.
Das auf dem Boden sitzende bzw. liegende Kind schließt die Augen. Der Partner pustet mit dem Strohhalm auf ein beliebiges Körperteil. Kann das Kind mit geschlossenen Augen die Stelle benennen, die angepustet wurde?
Nach ein paar Pusterunden wechseln die Kinder die Rollen.

Rettet die Schmetterlinge

Förderschwerpunkte: visuelle Wahrnehmung, Feinmotorik, sprachliche Vorläuferkompetenzen, Koordination

Material: Schuhkarton, Faden, Papier, Scheren, pro Kind ein Trinkhalm

Vorbereitung: Der offene Schuhkarton wird mit einem langen Faden so umwickelt, dass ein Netzmuster mit größeren und kleineren Lücken entsteht. Dann schneiden die Kinder aus Papier kleine Schmetterlinge aus.

Die Schmetterlinge sind im Spinnennetz gefangen. Die Spielleitung verteilt sie gleichmäßig auf dem Boden des Schuhkartons. Die Kinder können die Schmetterlinge befreien, wenn es ihnen gelingt, sie mit dem Trinkhalm aus den Zwischenräumen zu ziehen. Dazu müssen sie den Trinkhalm in einen Zwischenraum halten und einen liegenden Schmetterling ansaugen. Gelingt es auf diese Weise, den Schmetterling durch die Fadenlücke aus dem Spinnennetz zu heben, ist er gerettet. Wird das Spinnennetz jedoch mit dem Trinkhalm oder mit dem Schmetterling berührt, muss der Spieler sein Glück erneut versuchen. Können die Kinder alle Schmetterlinge retten?

Hinweis: Der Faden muss so gespannt werden, dass ausreichend große Lücken für die Schmetterlinge entstehen.

- Weisen Sie die Kinder im Umgang mit diesem Material immer wieder darauf hin, nie mit einem Trinkhalm im Mund umherzulaufen. Bei einem Sturz kann es sonst zu Verletzungen im Mund- und Rachenraum kommen.
- Aus hygienischen Gründen ist es notwendig, von den Kindern in den Mund genommene Trinkhalme nach dem Spiel zu entsorgen. Im Speichel enthaltene Keime können Krankheiten übertragen.

Teppich verlegen

Förderschwerpunkte: visuelle Wahrnehmung, Feinmotorik
Material: bunte Trinkhalme

Die Spielleitung bzw. ein Kind gibt vor, welche Farbfolge mit den Trinkhalmen gebildet werden soll. Die Halme werden in der entsprechenden Farbreihe dicht nebeneinander gelegt. Die Kinder haben nun die Aufgabe, mit allen vorhandenen Trinkhalmen das vorgegebene Farbmuster durch Anlegen weiterer Trinkhalme fortzuführen. Es entsteht ein bunter Streifenteppich, mit dem nun weitergespielt wird.

Während sich alle Mitspieler wegdrehen, verändert ein Kind das Streifendesign des Teppichs, indem es einen oder mehrere Halme wegnimmt oder Trinkhalme miteinander vertauscht. Die Farbfolge wird damit sichtbar unterbrochen. Die Kinder dürfen sich nun wieder umdrehen. Sie sollen den entstandenen „Webfehler" entdecken. Wem dies zuerst gelingt, der darf in der nächsten Runde das Muster verändern. Zuvor wird aber der entstandene Fehler korrigiert und das ursprüngliche Muster wiederhergestellt.

Trinkhalmbilder

Förderschwerpunkte: Kreativität, Feinmotorik
Material: bunte Trinkhalme, Schere, Schüssel, Filzunterlagen

Die Kinder schneiden die Trinkhalme in unterschiedlich lange Teile. Diese werden in einer Schüssel gesammelt. Sind genug Trinkhalmstücke vorhanden, geht das Legespiel los.
Mit den farbigen Trinkhalmstücken lassen sich auf der Unterlage Bilder, Formen oder Muster gestalten, bei denen die Kinder ihrer Fantasie freien Lauf lassen dürfen.

Alle gemeinsam

Förderschwerpunkte: Feinmotorik, sprachliche Vorläuferkompetenzen, Koordination
Material: Papier, Schere, Trinkhalme
Für die Variation: Papier in verschiedenen Stärken

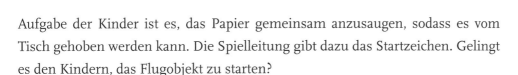

Die Kinder malen ein Ufo oder ein Flugzeug auf nicht zu dünnem Papier auf und schneiden es aus. Das Flugobjekt wird in die Spielfeldmitte gelegt. Jedes Kind nimmt seinen Trinkhalm in den Mund. Das andere Ende liegt auf dem Ufo bzw. Flugzeug.

Aufgabe der Kinder ist es, das Papier gemeinsam anzusaugen, sodass es vom Tisch gehoben werden kann. Die Spielleitung gibt dazu das Startzeichen. Gelingt es den Kindern, das Flugobjekt zu starten?

Variation: Aus unterschiedlich starken Papieren (Schreibpapier, Tonpapier, Wellpappe, Fotokarton) werden Flugobjekte ausgeschnitten. Die Kinder versuchen gemeinsam, die jeweiligen Flugkörper durch Ansaugen in die Luft zu bringen.

BLECHDECKEL

Gläser, in denen Lebensmittel aufbewahrt werden, sind in der Regel mit einem Deckel verschlossen. Werden diese Deckel gesammelt, kommt meist recht schnell ein großer Vorrat zusammen. Schraubverschlüsse, wie sie vor allem auf Konservengläsern Verwendung finden, sind in der Regel aus Metall und auf der Innenseite beschichtet. Sie weisen verschiedene Durchmesser und verschiedene Höhen, unterschiedliche Aufdrucke und Farbkombinationen auf. Das macht sie zu einem vielseitig verwendbaren Spielmaterial. Die genannten Eigenschaften ermöglichen es, die Deckel z. B. zu Farb- und Versteckspielen zu nutzen. Des Weiteren lassen sie sich stapeln, rollen oder drehen.

Deckelkreise suchen

Förderschwerpunkte: visuelle Wahrnehmung, mathematische Vorläuferkompetenzen, Feinmotorik
Material: viele unterschiedlich große Deckel, Tastbeutel, pro Kind ein Stück Pappe, Stift

Vorbereitung: Die Umrisse der Deckel werden auf die Pappen übertragen. Auf jedem Stück Pappe sollten ca. 6 Deckelkreise aufgemalt sein.

Die Pappen mit den aufgezeichneten Deckelumrissen werden an die Kinder verteilt. Die Deckel liegen griffbereit in einem Tastbeutel. Aufgabe der Kinder ist es, die Deckel zu finden, deren Grundrisse auf der eigenen Pappe aufgemalt sind.

Reihum zieht jedes Kind einen Deckel aus dem Tastsack. Es prüft, ob er auf einen der Umrisse seiner Vorlage passt. Stimmen Deckel und Kreis überein, wird der Deckel abgelegt. Passt er nicht zu einem der Kreise, wandert er zurück in den Tastbeutel.

> Einfache Spiele mit Blechdeckeln
> - Ein Korb mit verschiedensten Blechdeckeln wird zum freien Experimentieren bereitgestellt. Die Kinder können sie z. B. rollen, stapeln, wie einen Kreisel drehen oder sortieren.
> - Ein Behälter mit vielen unterschiedlichen Gläsern mit Deckeln fordert zum Experimentieren auf. Die Deckel können abgeschraubt, gemischt und wieder auf die passenden Gläser geschraubt werden. Wenn unterschiedliche Füllmaterialien bereit stehen, können die Kinder die Gläser mit diesen befüllen und durch Schütteln verschiedene Klangerfahrungen sammeln.
> - Blechdeckel können zusammen mit anderen Utensilien und Alltagsmaterialien (verschiedene Papiere, Kleber, Schere, Glitzerfolie, Bierdeckel, Korken etc.) zum freien Spielen und Gestalten bereitgestellt werden.
> - Die Kinder stapeln die Deckel aufeinander, sodass ein Turm entsteht.
> - Die Kinder drehen einen Deckel, beobachten wie er trudelt und lauschen der kleinen Deckelmusik.

Ab unter den Deckel

Förderschwerpunkte: mathematische Vorläuferkompetenzen, Feinmotorik
Material: mehrere Deckel, kleine Gegenstände (z. B. kleine Knöpfe), Blanko-Würfel

Vorbereitung: Der Blanko-Würfel wird vor Spielbeginn mit schwarzen Zahlen von 1–3, einem doppelseitigen Pfeil, einem roten Kreuz und einer roten 2 bemalt.
Die Würfelseiten haben im Spiel folgende Bedeutung:
- Schwarze Zahlen von 1–3: Entsprechend viele Gegenstände aus dem eigenen Vorrat dürfen unter einem beliebigen Deckel verschwinden.
- Doppelseitiger Pfeil: Zwei Deckel tauschen den Platz miteinander; die darunter liegenden Gegenstände bleiben liegen.
- Rotes Kreuz: Eine Runde aussetzen.
- Rote 2: Zwei Gegenstände müssen unter einem beliebigen Deckel weggenommen und zu dem eigenen Vorrat gelegt werden.

Die Deckel werden mit den Hohlseiten nach unten auf den Tisch gelegt und die Gegenstände gleichmäßig an alle Mitspieler verteilt. Dann wird reihum gewürfelt. Die gewürfelten Zahlen / Symbole geben vor, welche Aufgabe zu erfüllen ist. Dürfen ein oder mehrere Gegenstände unter einem Deckel verschwinden, kann diese Aufgabe nur erfüllt werden, wenn der entsprechende Platz noch frei ist. Dabei gilt: Es dürfen immer nur höchstens 4 Gegenstände unter einem Deckel liegen.

Beispiel: Würfelt ein Kind eine schwarze 2, darf es sich einen beliebigen Deckel aussuchen und diesen hochheben. Befinden sich bis zu maximal zwei Gegenstände darunter, kann es seine zwei eigenen hinzufügen. Liegen bereits drei Gegenstände dort, darf es keinen von seinen Gegenständen ablegen und das nächste Kind ist an der Reihe. Würfelt ein Kind dagegen eine rote 2 und liegt unter dem gewählten Deckel kein oder nur ein Gegenstand, muss es weitere Deckel anheben, bis es die Aufgabe erfüllen und zwei Gegenstände wegnehmen kann.
Das Spiel ist beendet, wenn der erste Spieler keine Gegenstände mehr zum Ablegen hat.

53

Deckel-Farbspiel

Förderschwerpunkte: visuelle Wahrnehmung, Feinmotorik
Material: unterschiedliche Deckel, ca. 10 Spielchips pro Spieler in unterschiedlichen Farben (z. B. 10 rote, 10 gelbe, 10 grüne Knöpfe), Farbwürfel, kleines Körbchen
Für die Variation: Zahlenwürfel

Die Kinder legen die Deckel mit den farbigen Seiten nach oben auf den Tisch. Die Spielchips werden an die Mitspieler verteilt. Ein Kind erhält den Farbwürfel und würfelt damit. Die gewürfelte Farbe gibt vor, welcher Deckel gesucht werden muss. Zeigt der Würfel Rot, müssen alle möglichst schnell einen ihrer Spielchips auf einen Deckel legen, der irgendwo die Farbe Rot zeigt. Auf jeden Deckel darf immer nur ein Spielchip gelegt werden. Wer keinen freien Deckel mit entsprechender Farbe findet, muss sein Glück in der nächsten Runde versuchen. Alle Spielchips, die richtig abgelegt wurden, wandern in ein bereitstehendes Körbchen. Wer hat als Erstes alle seine Spielchips abgelegt?

Variation für ältere Kinder: Zusätzlich zu dem Farbwürfel kommt ein Zahlenwürfel mit Zahlen von 1–3 ins Spiel. Er gibt vor, wie viele Spielchips in der gewürfelten Farbe auf unterschiedlichen Deckeln abgelegt werden müssen.

Beispiel: Der Farbwürfel zeigt Blau, der Zahlenwürfel eine 3. Alle Kinder müssen nun versuchen, möglichst schnell 3 eigene Spielchips auf 3 unterschiedlichen Deckeln mit blauer Farbe abzulegen. Auch hier gilt, dass immer nur ein Spielchip pro Deckel gelegt werden darf. Hat ein Kind seine 3 Spielchips bereits zugeordnet, darf es „stopp" rufen. Ab diesem Zeitpunkt ist diese Spielrunde beendet und keiner darf einen weiteren Spielchip legen.

> Mit der Entwicklung des Konservierungsverfahrens wurden neben privaten Erzeugnissen für den eigenen Bedarf zunehmend auch haltbar gemachte Lebensmittel im Konsumgüterbereich angeboten. Neben den Konservendosen waren dies vor allem Glaskonserven. Seit den 1960er Jahren hat hier das Angebot deutlich zugenommen.

Kreisbilder gestalten

Förderschwerpunkte: Kreativität, Feinmotorik, visuelle Wahrnehmung, mathematische Vorläuferkompetenzen
Material: Deckel mit unterschiedlichen Durchmessern, Malstifte, Papier

Die Deckel werden auf das Papier gelegt und die Ränder mit einem Stift umfahren. Die so entstandenen unterschiedlich großen Kreise dienen als Malvorlagen. So kann ein Kreis z. B. als Sonne gestaltet werden. Aus einem anderen Kreis wird eine Blume gemalt. Zwei gleich große Kreise stellen die Räder eines Autos dar, das ergänzt wird, usw.

Die Kinder können die Kreise auch ausschneiden und zur weiteren Bildgestaltung nutzen.

Deckelsuche

Förderschwerpunkte: Sprache, visuelle Wahrnehmung
Material: 10–12 unterschiedliche Deckel

Die Deckel liegen gut sichtbar für alle in der Spielfeldmitte aus. Ein Kind beginnt mit dem Spiel. Es wählt für sich einen Deckel aus und beschreibt eine Eigenschaft. So sagt es z. B.: „Ich sehe einen Deckel und der ist rot." Die Kinder überlegen, welcher Deckel gemeint sein könnte.
Das Kind gibt einen weiteren Hinweis, z. B. „Ich sehe einen Deckel und der ist klein!" Nach und nach werden immer mehr Eigenschaften genannt. Wer kann zuerst sagen, welchen Deckel das Kind ausgewählt hat?
Kriterien zum Beschreiben können sein: die Farbe, der Durchmesser, die Höhe, die Aufschrift, ein Bild, ein Muster.

Blechdeckelrasseln basteln

Förderschwerpunkte: Kreativität, Feinmotorik, akustische Wahrnehmung
Material: zwei gleich große Blechdeckel pro Kind, Klebeband, bunte Klebefolie, Füllmaterial (kleine Steinchen, Erbsen, grober Sand o. Ä.)

Ein Deckel wird mit Material gefüllt. Der zweite, gleich große Deckel wird bündig aufgelegt, sodass aus beiden Deckelinnenseiten ein Hohlraum entsteht. Die beiden Deckel werden nun mit dem Klebeband aneinander geklebt. Dann bekleben die Kinder die so entstandene Blechdeckelrassel nach eigenen Ideen.

Verschiedene Deckelgrößen, Füllmaterialien und Füllmengen ergeben unterschiedliche Rasselgeräusche; die individuellen, bunten Bleckdeckelrasseln können nun zu Hörübungen oder zum Begleiten von Liedern eingesetzt werden kann.

Sich dem Druck stellen

Förderschwerpunkte: taktile Wahrnehmung
Material: 2 Blechdeckel für jedes Kind

5–6 Kinder bilden eine Gruppe. Die Kinder sollten so wenig Kleidung wie möglich tragen. Sie stellen sich im Kreis auf. Jedes Kind hat zwei Blechdeckel.
Ein Kind stellt sich in die Mitte des Kreises und schließt die Augen.
Die umstehenden Kinder drücken nun einen oder beide Blechdeckel an unterschiedliche Körperstellen des Kindes welches in der Mitte steht. Nach 1–2 Minuten werden die Blechdeckel wieder weggenommen.
Das Kind stellt sich zurück in den Kreis. Ein anderer Spieler nimmt die Position in der Mitte ein und das Spiel beginnt erneut. Haben sich alle Kinder „dem Druck gestellt", wird die Übung beendet. In einer kleinen Gesprächsrunde kann jeder, der möchte, erzählen, wie er die Übung erlebt hat.

Schiffstransport

Förderschwerpunkte: Feinmotorik
Material: Blechdeckel, kleine Materialien (z. B. Erbsen, Perlen, Knöpfe)

Vorbereitung: Die Spielleitung zählt vor Spielbeginn die Materialien für jede Mannschaft ab und legt sie bereit.

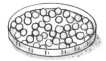

Das Spiel wird auf dem Boden gespielt. Der Bodenbelag muss möglichst eben und glatt sein, sodass die Blechdeckel gut rutschen können.
Die Kinder bilden Mannschaften und stellen sich hintereinander auf. Je nach dem zur Verfügung stehenden Raum sollten 1–3 m Abstand zwischen jedem Kind sein.
Jeder Mannschaft steht exakt die gleiche Anzahl an Material zur Verfügung. Das erste Kind beginnt. Es belädt ein „Deckel-Schiff" mit Material und schickt es auf die Reise. Dazu gibt es dem Blechdeckel einen Schubs, sodass er über den Boden rutscht. Das zweite Kind nimmt den Deckel entgegen und führt die Fahrt weiter. Nach und nach wird der Blechdeckel bis zum letzten Kind geschoben. Hier wird er entleert und ein neues Schiff auf die Reise geschickt.
Welcher Mannschaft gelingt es, die Ladung ohne große Verluste in den sicheren Hafen zu bringen?

BRIEFUMSCHLÄGE

Briefumschläge haben in unserem Alltag unterschiedliche Funktionen. Wir verschicken sie mit der Post, bewahren in ihnen Fotos und andere Dinge auf, verpacken Geschenke darin (z. B. Gutscheine), geben schriftliche Informationen in ihnen weiter. Die Umschläge variieren dabei nicht nur in der Farbe; sie haben zudem unterschiedliche Formate und Papierqualitäten. Sie sind aus Papier oder festerem Karton und eignen sich daher zum Bemalen, Beschriften, Bekleben oder Zerschneiden. Man kann sie problemlos öffnen und Dinge darin verschwinden lassen. Sie können zudem zugeklebt oder nur verschlossen werden.
All diese Möglichkeiten machen Briefumschläge zu einem vielseitig nutzbaren Material für die verschiedenartigsten Spiele.

Das Brieftäubchen

Förderschwerpunkte: Grobmotorik
Material: möglichst kleiner Briefumschlag, Stoppuhr, Bänder oder Wollfäden

Die Kinder bilden eine kleinere und eine größere Gruppe. Jede Gruppe wird mit Bändern oder Wollfäden einer Farbe markiert.

Die Kinder der größeren Gruppe verwandeln sich in Tauben. Sie erhalten einen kleinen Briefumschlag. Gemeinsam überlegen die Kinder, wer den Umschlag bei sich tragen soll und somit zur Brieftaube wird.

Die Kinder der anderen Gruppe spielen die Vogelfänger. Diese versuchen, die Brieftaube mit dem Brief zu fangen. Die Fänger wissen aber nicht, welche Taube die Brieftaube ist und den Brief in der Hand oder am Körper versteckt hat. Gelingt es ihnen, die richtige Taube abzuschlagen, ist das Spiel beendet. Die Tauben sind natürlich darum bemüht, dies zu verhindern. Sie schützen ihre Brieftaube so gut es geht. Tauben, die abgeschlagen werden, aber keinen Brief haben, bleiben weiterhin in ihrer Gruppe und beteiligen sich weiter am Spiel. Ist die Brieftaube gefangen, wird die Zeit gestoppt. Nun ist die andere Gruppe an der Reihe, eine Brieftaube zu wählen und zu schützen. Ist auch diese gefangen, werden die gestoppten Zeiten miteinander verglichen. Welcher Mannschaft ist es am längsten gelungen, ihre Brieftaube vor den Vogelfängern zu verstecken?

> Einfache Spiele mit Briefumschlägen
> - Die Kinder malen bzw. schreiben mit Hilfe der Spielleitung einen Brief, z. B. an ein krankes Kind. Die Kinder lernen die Bedeutung der Adresse, des Absenders und der Briefmarke kennen. Die Gruppe bringt den Brief gemeinsam zum Briefkasten oder zur Post.
> - Die Kinder ordnen selbst bemalte, unterschiedlich große Karten verschiedenen Briefumschlägen zu und stecken sie ein.

Blitzlicht

Förderschwerpunkte: Sprache, visuelle Wahrnehmung
Material: ein fester Briefumschlag in A 4-Format, mehrere Bilder (z. B. Fotos aus Zeitschriften), Cutter, Schere
Für die Variation: Zahlenwürfel

Vorbereitung: Die Spielleitung schneidet mit dem Cutter in die obere Seite des Briefumschlags mehrere kleine Türchen in unterschiedlichen Größen. Die Kinder suchen inzwischen in Zeitschriften, Prospekten und Katalogen nach Bildern im Format des Umschlags und schneiden sie aus.

Ein Kind sucht sich ein Bild aus dem bereitliegenden Material aus und schiebt es, für alle weiteren Mitspieler nicht sichtbar, in den Umschlag. Die Mitspieler dürfen nun ein Türchen des Umschlags aufklappen und schauen, was sich dahinter verbirgt. Erkennen sie das Bild? Wenn nicht, wird ein weiteres Türchen geöffnet. Wie viele Türchen müssen sie öffnen, bis das in dem Umschlag versteckte Bild erkannt und benannt werden kann?

Variation: Ein Zahlenwürfel mit Zahlen von 1–4 gibt vor, wie viele Türchen insgesamt geöffnet werden dürfen. Hinter welchen Klappen letztendlich nachgeschaut wird, bleibt den Kindern überlassen. Wird das versteckte Bild nicht erkannt, ist die Spielrunde beendet. Ein anderes Blatt wird eingeschoben und der Ratespaß beginnt erneut.

> Briefe wurden ursprünglich nicht extra verpackt, um sie vor unberechtigtem Zugriff zu schützen. Vielmehr wurden die Nachrichten und Mitteilungen durch Falten oder Aufrollen und Versiegeln neugierigen Blicken entzogen. Erst im Laufe der Verbreitung des Postwesens wurde auch der Briefumschlag zur gängigen Verpackungsform von schriftlichen Mitteilungen. Seit Beginn der 1990er Jahre wird der klassische Briefverkehr zunehmend durch die elektronische Kommunikation (E-Mail) ergänzt.

Partnersuche

Förderschwerpunkte: Grob- und Feinmotorik
Material: Briefumschläge, Memorykarten, CD-Spieler und CD mit Musik

Entsprechend der Anzahl der Kinder werden Memorykarten einzeln in Briefumschläge gesteckt. Die Umschläge werden gemischt und an die Kinder verteilt. Alle Kinder bewegen sich anschließend zur Musik durch den Raum. Beim Musikstopp schauen die Kinder in ihrem Briefumschlag nach, welches Kärtchen darin steckt und suchen das Kind mit der entsprechenden anderen Memorykarte. Welches Paar findet sich zuerst?
Haben sich alle Spielerpaare gefunden, gehen sie gemeinsam zur Musik durch den Raum.

Hinweis: Dieses Spiel eignet sich für eine Gruppe mit gerader Spieleranzahl.

Brieftträger, lauf!

Förderschwerpunkte: Grob- und Feinmotorik
Material: 3–4 Briefumschläge (je nach Gruppengröße)

Einige Spieler verwandeln sich in Hunde. 3–4 Briefumschläge (je nach Gruppengröße) werden unter die restlichen Kinder, die zu Briefträgern werden, verteilt.

Die Hunde laufen los und versuchen, eines der Kinder mit einem Briefumschlag in der Hand zu fangen. Diese Briefträger können sich retten, indem sie den Umschlag einem beliebigen Mitspieler übergeben. Dieses Kind muss den Umschlag annehmen. Es wird nun von den Hunden verfolgt. Wer von einem Hund „gebissen" (abgeschlagen) wird, tauscht mit ihm die Rolle.

Die Bildergeschichte

Förderschwerpunkte: Sprache, visuelle Wahrnehmung
Material: Briefumschläge in der Anzahl der mitspielenden Kinder, Bilder, Zauberstab (durchsichtiger, mit Gel und Glitzer gefüllter Stab)

Vorbereitung: Die Spielleitung sucht Bilder aus, auf denen jeweils ein Gegenstand gut erkennbar dargestellt ist. Die Bilder müssen in die Briefumschläge passen. Vor Spielbeginn wird in jeden Umschlag ein Bild gesteckt.

Die Briefumschläge werden von der Spielleitung ausgelegt. Jedes Kind sucht sich einen Umschlag aus. Es öffnet ihn und betrachtet das Bild. Dann legt es das Bild für alle gut sichtbar vor sich ab.
Die Spielleitung nimmt den Zauberstab in die Hand und hält ihn so, dass der Glitzerinhalt nach unten läuft. Wenn sich alle Glitzerelemente am unteren Ende des Zauberstabs angesammelt haben, beginnt sie eine Geschichte zu erzählen und dreht im selben Moment den Zauberstab wieder um. Ist der Inhalt des Zauberstabs wiederum komplett unten angekommen, bricht die Spielleitung die Geschichte ab und übergibt den Stab einem Kind. Es soll den Stab nun wiederum umdrehen und die Geschichte weitererzählen. Dabei soll der Gegenstand auf dem Bild in die Geschichte integriert werden, bevor der Glitzerinhalt des Stabs wieder vollständig nach unten gesackt ist. Dann gibt das Kind den Zauberstab an das nächste Kind weiter und steckt sein Bild zurück in den Umschlag. So wandert der Zauberstab von Kind zu Kind, bis jeder eine Episode zu der Geschichte beigetragen hat. Zum Schluss unterhalten sich die Kinder darüber, ob ihnen die Geschichte gefallen hat.

Ich stecke in den Briefumschlag...

Förderschwerpunkte: Sprache
Material: ein großer Briefumschlag

Ein Briefumschlag wandert von Kind zu Kind im Kreis herum. Das erste Kind beginnt. Es nimmt den Umschlag und sagt: „Ich stecke in den Briefumschlag eine Postkarte!" Es öffnet den Briefumschlag und steckt pantomimisch eine Postkarte hinein. Dann gibt es ihn weiter an das nächste Kind. Dieses wiederholt den Gegenstand, den das vorige Kind in das Kuvert gegeben hat und nennt einen weiteren: „Ich nehme den Briefumschlag mit der Postkarte und gebe einen Brief dazu."

So wird der Umschlag von Kind zu Kind gegeben. Jeder gibt etwas anderes hinein.

Das Spiel ist beendet, wenn ein Kind nicht mehr wiederholen kann, was sich bereits alles im Umschlag befindet.

BÜROKLAMMERN

Büroklammern werden, wie der Name schon verrät, überwiegend im Bürobereich eingesetzt. Vielen Kindern sind die kleinen Klammern aber auch von zu Hause oder aus der Kindertagesstätte bekannt.

Büroklammern gibt es inzwischen in unterschiedlichen Größen und in sehr schönen Farben und Musterkombinationen zu kaufen. Die Klammern sind in großen Gebinden günstig zu erwerben und können den Kindern zu Spielzwecken daher auch in ansehnlichen Mengen zur Verfügung gestellt werden.

Vor allem die Farbenvielfalt der Büroklammern gilt es in verschiedenen Spielen zu nutzen und gezielt in unterschiedliche Aufgabenstellungen zu integrieren.

Farbenspiel

Förderschwerpunkte: visuelle Wahrnehmung, Feinmotorik
Material: bunte Büroklammern, Farbkarten, Farbwürfel mit den Farben der Büroklammern

Vorbereitung: Vor Spielbeginn stellen die Kinder mit Hilfe der Spielleitung die Farbkarten her. Die Kinder malen dazu mit Buntstiften Streifen in frei abwechselnder Folge in den Farben der vorhandenen Büroklammern auf die zugeschnittenen Pappkarten. Jeder Farbstreifen ist etwa so breit wie eine Büroklammer.

Jedes Kind sucht sich eine der vorbereiteten Farbkarten aus. Die Büroklammern liegen in der Tischmitte. Reihum wird nun mit dem Farbwürfel gewürfelt. Die gewürfelte Farbe gibt vor, welche Klammer aus dem Vorrat weggenommen werden darf und an der entsprechenden Stelle an der Farbkarte befestigt wird. Wer eine Farbe würfelt, die nicht auf seiner Farbkarte ist bzw. deren Farbstreifen schon besetzt ist, setzt aus.

Wer schafft es zuerst, alle seine Farbstreifen auf seiner Farbkarte mit den Büroklammern in der richtigen Farbe zu bestücken?

Variation für jüngere Kinder: Die Spielleitung bereitet Farbkarten mit jeweils 4–5 Farbstreifen vor. Die Kinder suchen sich eine Farbkarte aus und stecken die Büroklammern in der vorgegebenen Reihenfolge fest.

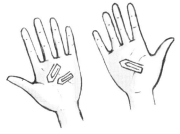

> Einfache Spiele mit Büroklammern
> - Die Kinder stecken mit den Klammern kleine Bilder auf Karteikarten oder auf einem Stück Karton fest.
> - Die Kinder nutzen die Klammern als Legematerial, gestalten damit Muster, Formen und Figuren.
> - Büroklammern und andere Materialien sind in einem Behälter gemischt. Die Kinder ziehen die Klammern mit einem Magneten an.
> - Farbige Büroklammern stehen bunt gemischt bereit. Die Kinder sortieren sie nach Farben.
> - Die Kinder können Büroklammern in einem Behälter erfühlen.

Beim Friseur

Förderschwerpunkte: Kreativität, Feinmotorik, visuelle Wahrnehmung
Material: farbige Büroklammern, Bürste oder Kamm, Spiegel, Wolle, Geschenkbänder

Vorbereitung: Von der Wolle und den Geschenkbändern werden Stücke in unterschiedlichen Längen abgeschnitten und an jeweils eine Büroklammer geknotet.

Die Büroklammern mit den Fäden und Bändern liegen griffbereit. Ein Kind verwandelt sich in den Friseur, ein anderes in den Kunden. Der Friseur kreiert nun mit den bunten Bändern und den Wollfäden eine neue Frisur für den Kunden. Dazu befestigt er die Büroklammern jeweils an einer Strähne kurz unterhalb des Haaransatzes. Der Kunde kann alles im Spiegel verfolgen. Ist die Frisur fertig und das Kind damit zufrieden, tauschen die beiden die Rollen.

Die Klammerkette

Förderschwerpunkte: Feinmotorik, visuelle Wahrnehmung
Material: Büroklammern (mindestens 15–20 pro Spieler)

Alle Büroklammern werden gleichmäßig an die Mitspieler verteilt. Nach einem Startzeichen geht es dann los. Die Kinder müssen ihre Klammern so schnell wie möglich durch Ineinanderstecken aneinander ketten. Wer kann zuerst aus all seinen einzelnen Klammern eine lange Kette herstellen? Die Kinder können sie zu einem Kreis schließen und als Halskette tragen

Plus und Minus

Förderschwerpunkte: mathematische Vorläuferkompetenzen
Material: Büroklammern, Zahlenwürfel, Blankowürfel, Schälchen

Vorbereitung: Der Blankowürfel wird vor dem Spieleinsatz auf 3 Seiten mit einem Pluszeichen (+), auf den anderen 3 Seiten mit einem Minussymbol (–) bemalt.

Die Büroklammern liegen im Schälchen in der Tischmitte bereit. Jedes Kind erhält aus diesem Vorrat ca. 20 Klammern. Dann wird reihum mit beiden Würfeln gewürfelt. Der Symbolwürfel gibt durch Plus oder Minus an, ob Klammern weggelegt oder aus der Tischmitte hinzugenommen werden müssen. Der Zahlenwürfel gibt vor, wie viele Klammern den eigenen Vorrat verkleinern oder vergrößern. Ziel des Spiels ist es, möglichst als erster keine eigenen Büroklammern mehr zu besitzen.

Bordüren legen

Förderschwerpunkte: Kreativität, visuelle Wahrnehmung, Feinmotorik, mathematische Vorläuferkompetenzen
Material: viele bunte Büroklammern in unterschiedlichen Größen, Schälchen

Die Spielleitung bzw. eines der Kinder legt mit den Klammern den ersten Teil eines Bordürenmusters vor. Je vielseitiger und abwechslungsreicher das Muster ist, desto schwieriger wird es, die Musterfolge fortzuführen. Das ist die Aufgabe des Spielpartners, der die begonnene Bordüre im gleichen Muster ergänzen soll. Der Einsatz unterschiedlich großer und bunter Büroklammern erhöht den Schwierigkeitsgrad des Spiels, denn die Kinder müssen sich hier zusätzlich an den Farben orientieren.

Zahlenkreise

Förderschwerpunkte: mathematische Kompetenzen, visuelle Wahrnehmung, Feinmotorik
Material: Büroklammern, Pappe, Schere, Filzstift, Schälchen

Vorbereitung: Aus Pappe werden Kreise ausgeschnitten. Auf jeden Kreis wird mit Filzstift eine Zahl geschrieben. Die Addition aller Zahlen auf den Kreisen ergibt die Anzahl der Büroklammern, die für das Spiel bereitgestellt werden.

Die Büroklammern und die Kreise (Zahlen nicht sichtbar) liegen auf dem Tisch. Die Kinder nehmen sich reihum einen Kreis und heften die angegebene Anzahl an Klammern daran. Anschließend wird gemeinsam das Ergebnis kontrolliert.

Wie viele Klammern sind jetzt hier?

Förderschwerpunkte: mathematische Kompetenzen
Material: Büroklammern

Die Büroklammern werden an die Kinder verteilt. Wenn zu zweit gespielt wird, bekommt jedes Kind 3 bis 4 Klammern, spielen bis zu fünf Kinder in einer Kleingruppe, bekommt jedes Kind 2 bis 3 Klammern.
Jedes Kind nimmt eine beliebige Anzahl Klammern in die rechte Hand, ohne dass die anderen Kinder sehen, wie viele Klammern es in die Hand nimmt. Die restlichen Klammern kommen in die linke Hand. Die rechte Hand wird zur Faust geschlossen, sodass die Klammern nicht sichtbar sind. Alle Kinder strecken nun die rechte Hand aus. Gemeinsam sprechen sie den Satz: „1, 2, 3, 4, wie viele Klammern sind jetzt hier?"
Jedes Kind gibt einen Tipp ab, wie viele Klammern sich seiner Meinung nach in allen geschlossenen Händen befinden, die zur Mitte gestreckt werden.
Haben die Kinder reihum ihren Tipp abgegeben, öffnen alle die Fäuste. Die Klammern werden gemeinsam gezählt. Wer hatte Recht mit seinem Tipp?

Die ersten Büroklammern wurden in England und in den Vereinigten Staaten Ende des 19. Jahrhunderts industriell hergestellt. Wenig später folgte die Produktion auch für den deutschen Markt, wobei die Büroklammer damals noch nicht die heute übliche innere Windung hatte und deutlich runder war. Die heutige optimierte Form mit spitzwinkligem Ende wurde nach dem 1. Weltkrieg entwickelt.

Kopiergeräte

Förderschwerpunkte: visuelle Wahrnehmung, Feinmotorik
Material: farbige Büroklammern, Papier

Die Büroklammern liegen auf dem Tisch, sodass sie von allen gut erreicht werden können.
Ein Kind legt mit einigen Klammern ein Muster auf den Tisch. Dabei sollten nicht mehr als sieben Büroklammern benutzt werden. Die anderen Kinder haben Zeit, sich dieses Muster genau anzusehen und einzuprägen. Nach ein paar Minuten wird das Muster von der Spielleitung mit einem Blatt Papier abgedeckt. Die Kinder verwandeln sich in Kopierer. Sie sollen aus dem Gedächtnis das Gelegte möglichst genau kopieren, also mit den restlichen Büroklammern nachlegen.
Sind alle mit der Arbeit fertig, wird das Muster wieder aufgedeckt. Die Kinder vergleichen ihre Arbeit mit dem vorgegebenen Muster.

SICHERHEITSNADELN

Sicherheitsnadeln kennen viele Kinder meist nur noch aus dem Nähkörbchen der Oma. Es gibt sie in den unterschiedlichsten Größen – von knapp 2 bis ca. 10 cm Länge. Das Öffnen und Schließen dieser Nadeln stellt eine hohe Anforderung an die Feinmotorik. Die Kinder sollten daher genügend Zeit zum Ausprobieren und Üben dieser Verschlusstechnik haben, bevor die Sicherheitsnadeln zu den beschriebenen Spielzwecken eingesetzt werden.

Perlen aufstecken

Förderschwerpunkte: Feinmotorik, visuelle Wahrnehmung
Material: pro Kind eine große Sicherheitsnadel, kleine Perlen in den Würfelfarben, Farbwürfel, Pappe, Scheren, Farbstifte
Für die Variation: Papierbögen in den Würfelfarben

Vorbereitung: Die Kinder stellen unterschiedliche Farbkarten her, indem sie aus Pappe Kärtchen ausschneiden. Auf jedes dieser Kärtchen malen sie mit Farbstiften 8 bis 10 Punkte oder Striche in den sechs Farben des Farbenwürfels.

Dann beginnt das Spiel. Die Farbkärtchen liegen bunt gemischt in der Tischmitte genauso wie die Sicherheitsnadeln. Jedes Kind nimmt sich eine große Sicherheitsnadel und eine Farbkarte nach Wahl. Die Perlen liegen griffbereit in der Tischmitte. Das erste Kind würfelt. Stimmt die gewürfelte Farbe mit der ersten Farbe seiner Farbkarte überein, darf es eine entsprechende Perle aus dem Vorrat nehmen und auf seine Sicherheitsnadel 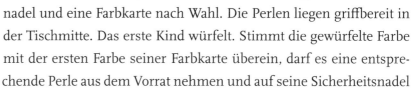 reihen. Sind die beiden Farben nicht identisch, ist das nächste Kind an der Reihe. Wer kann zuerst seine Sicherheitsnadel in der auf der Farbkarte vorgegebenen Farbfolge mit Perlen füllen?
Die anderen Kinder kontrollieren, ob die Farbabfolge auf dem Kärtchen mit den Farben der aufgereihten Perlen übereinstimmt.

Variation für ältere Kinder: Statt der Perlen spießen die Kinder kleine, farbige Papierschnipsel auf, die sie zuvor selbst aus bunten Papierbögen gerissen haben. Das Aufstecken der Schnipsel auf die Sicherheitsnadel ist wesentlich schwieriger und anspruchsvoller als das „Auffädeln" der Perlen. Da kein Loch vorgegeben ist, müssen die Kinder neben dem zielsicheren Aufspießen zusätzlich den benötigten Kraftaufwand zum Durchstechen des Papiers angemessen dosieren.

Hinweis: Die Löcher in den Perlen müssen so groß sein, dass die Perlen problemlos auf die Nadeln aufgefädelt werden können.

Die wachsende Schlange

Förderschwerpunkte: mathematische Kompetenzen, Feinmotorik, visuelle Wahrnehmung

Material: pro Kind eine große Sicherheitsnadel, viele kleinere Sicherheitsnadeln, Zahlenwürfel

Jedes Kind nimmt sich eine große Sicherheitsnadel. Die kleineren Nadeln liegen in der Tischmitte bereit. Die Spieler würfeln reihum mit dem Würfel. Die gewürfelten Augen geben an, wie viele Sicherheitsnadeln sie aus dem Vorrat nehmen dürfen. Diese werden an den Schlangenkopf (= große Sicherheitsnadel) als lange Schlange hintereinander aufgereiht. Das Spiel ist beendet, wenn keine Sicherheitsnadel mehr vorhanden ist. Wer hat am Ende des Spiels die längste Schlange? Welche Schlange besitzt die meisten Glieder?

Hinweis: Neben dem direkten Vergleichen durch Messen der Länge sollten die Kinder die einzelnen Glieder der Schlange zählen, denn die benutzten Nadeln haben unterschiedliche Größen.

Variation: Das Spiel kann natürlich auch anders herum beginnen. Alle Kinder bilden zunächst mit der gleichen Anzahl an Sicherheitsnadeln lange Schlangen. Die gewürfelten Augenzahlen geben an, wie viele Glieder der Schlange abgehängt werden müssen. Verlierer des Spiels ist, wessen Schlange zuerst vom Tisch verschwindet.

> Die Nadel ist ein Gegenstand, den es in sehr vielen Varianten (u. a. als Anstecknadel, Akkupunkturnadel, Nähnadel, Kompassnadel) gibt und dessen Ursprünge weit zurückreichen. Die älteste Nadel aus Eisen wurde in Bayern gefunden und stammt aus dem 3. Jahrhundert vor Christus. Dagegen hat die Sicherheitsnadel eine vergleichsweise kurze Geschichte: Sie wurde 1849 in den USA erfunden, als der Konstrukteur einer Nähmaschine nach Möglichkeiten suchte, Stoffstücke mit einer Nadel so miteinander zu verbinden, dass sie aus dieser Fixierung nicht mehr herausrutschen können.

Zählarbeit

Förderschwerpunkte: taktile Wahrnehmung, mathematische Kompetenzen
Material: viele Sicherheitsnadeln in unterschiedlichen Größen, Papier und Stift für jedes Kind

Alle Mitspieler schließen die Augen, während ein Kind beliebig viele Sicherheitsnadeln aneinander befestigt. Es gibt diese Schlange den Mitspielern reihum in die Hände. Die Kinder sollen hinter ihrem Rücken oder blind ertasten, wie viele Nadeln miteinander verbunden sind. Jeder Mitspieler schreibt die entsprechende Zahl auf ein Blatt Papier. Nachdem alle gefühlt und gezählt haben, wird das Geheimnis gelüftet. Bei einer Übereinstimmung mit der aufgeschriebenen Zahl gibt es einen Punkt. Wer hat am Ende die meisten Punkte?

Nadeln angeln

Förderschwerpunkte: Feinmotorik, visuelle Wahrnehmung
Material: pro Kind eine große Sicherheitsnadel, viele unterschiedlich große Sicherheitsnadeln, Unterlagen als Kratzschutz (z. B. dicke Filzplatten)

Jedes Kind erhält eine möglichst große Sicherheitsnadel, die offen sein muss. Die restlichen Nadeln werden gleichmäßig an alle Mitspieler verteilt. Die Kinder sollen nun nach dem Start mit ihrer Nadel möglichst schnell alle Sicherheitsnadeln „angeln". Dazu müssen sie in das Loch am Ende der Nadeln zielen und die auf ihrer Unterlage liegenden Nadeln mit der großen Sicherheitsnadel aufnehmen. Das Spiel ist beendet, wenn der erste Spieler alle seine Nadeln geangelt hat.

> Wer Angst davor hat, dass sich die Kinder an den Nadeln verletzen, der kann die Spitzen mit Schmirgelpapier abrunden. Das ist aber in der Regel nicht erforderlich, da bei sachgerechtem Umgang bzw. dem Einhalten bestimmter Regeln (z. B. nicht mit offenen Nadeln herumlaufen, die Spitzen immer nach unten halten etc.) kaum Verletzungsgefahr besteht.

Festheften

Förderschwerpunkte: Feinmotorik, visuelle Wahrnehmung
Material: Sicherheitsnadeln, verschiedene Stoffreste, Scheren

Vorbereitung: Die Stoffreste werden von den Kindern zugeschnitten. Immer zwei Stoffrestestücke passen von der Beschaffenheit, Farbe oder Form zusammen.

Die Sicherheitsnadeln liegen in der Tischmitte, ebenso die gut vermischten Stoffrestepaare. Die Kinder nehmen sich eine Sicherheitsnadel und zwei identische Stoffstücke. Diese heften sie mit der Nadel aneinander und legen sie vor sich ab. Dann wird erneut eine Sicherheitsnadel genommen und zwei gleiche Stoffstücke werden zusammengeheftet. Das Spiel wird so lange fortgesetzt, bis alle Stoffpaare gefunden wurden. Wer konnte die meisten Teile zusammenheften?
Das Spiel wird schwieriger, wenn die Stoffstücke aus unterschiedlichen Materialien sind. Vor allem Cord- oder Jeansstoff lässt sich nur mit relativ viel Kraft und Geschicklichkeit durchstechen. Besonders spannend wird es, wenn sich die Stoffstücke sehr ähnlich sehen. Hier gilt es dann, vor dem Zusammenstecken nochmals genau hinzuschauen.

Sicherheitsnadel-Mikado

Förderschwerpunkte: Feinmotorik, visuelle Wahrnehmung
Material: viele unterschiedlich große Sicherheitsnadeln

Ein Kind nimmt alle Sicherheitsnadeln auf einmal in die Hand und lässt sie vorsichtig auf den Tisch gleiten. Reihum darf nun jeder Spieler versuchen, eine Sicherheitsnadel zu nehmen, ohne dass sich andere dabei bewegen. Gelingt dies, darf der Spieler erneut sein Glück versuchen. Beobachten die Mitspieler, dass eine oder sogar mehrere Nadeln wackeln, ist das nächste Kind an der Reihe. Wer kann die meisten Sicherheitsnadeln sammeln?

Der Zug im Tunnel

Förderschwerpunkte: taktile Wahrnehmung, mathematische Kompetenzen
Material: 10 Sicherheitsnadeln, Stofftunnel

Vorbereitung: Der Stofftunnel wird vorab aus undurchsichtigem, etwas festerem Stoff genäht. Er muss so breit sein, dass die dickste Sicherheitsnadel hinein passt. Die Länge wird so bemessen, dass mindestens 10 Sicherheitsnadeln hintereinander darin Platz finden.

Ein Kind beginnt. Während die übrigen Mitspieler die Augen schließen, wählt es eine beliebige Zahl an Sicherheitsnadeln und bildet aus diesen durch Ineinanderhängen einen Zug. Der Zug wird in den Stofftunnel eingeführt. Die restlichen, nicht benutzten Nadeln versteckt das Kind. Jetzt dürfen alle wieder die Augen öffnen. Der Stofftunnel wandert von Kind zu Kind. Jeder soll erfühlen, aus wie vielen Anhängern (Sicherheitsnadeln) der Zug besteht. Ist die Zahl der Nadeln richtig erkannt, wird der Zug aus dem Tunnelversteck befreit. Das Spiel kann von Neuem beginnen.

Sicherheitsnadel-Versteckspiel

Förderschwerpunkte: taktile Wahrnehmung, mathematische Kompetenzen
Material: 6 Sicherheitsnadeln, Zahlenwürfel, Augenbinde

Nachdem einem Kind die Augen verbunden wurden, würfelt der Partner. Die gewürfelte Zahl gibt vor, wie viele Sicherheitsnadeln er an seiner Kleidung befestigen soll. Würfelt das Kind etwa eine drei, so steckt es sich an beliebigen Stellen seiner Kleidung drei Sicherheitsnadel fest. Der Mitspieler mit den verbundenen Augen muss nun durch Abtasten des Kindes herausfinden, wie viele Nadeln an ihm versteckt sind.

Hinweis: Wer nicht abgetastet werden möchte, setzt bei diesem Spiel aus.

Aneinander geheftet

Förderschwerpunkte: Grob- und Feinmotorik, Koordination
Material: große Sicherheitsnadeln

Bei diesem Bewegungsspiel gehen immer zwei Kinder zusammen. Sie heften sich mit mehreren großen Sicherheitsnadeln zunächst an den Ärmeln aneinander, sodass der linke Arm des einen Kindes mit dem rechten des anderen verbunden ist. Gemeinsam wird ausprobiert, wie sich das anfühlt. Dann werden mit weiteren Sicherheitsnadeln auch das linke Hosenbein des einen mit dem rechten Hosenbein des anderen Kindes verknüpft. Gemeinsam und mit Rücksicht auf den jeweils anderen gehen die beiden vorsichtig los. Gelingt es ihnen, gemeinsam einen zuvor festgelegten Weg zu gehen?
Beteiligen sich mehrere Kinder am Spiel, kann es darum gehen, welches Paar zuerst ein vorgegebenes Ziel erreicht.

Variation für ältere Kinder: Vor Spielbeginn wird ein Parcours aufgebaut. Die Kinder versuchen, ihn mit Sicherheitsnadeln aneinandergeheftet zu überwinden. Dabei können auch 3 oder sogar 4 Kinder miteinander verbunden werden.

Hinweis: Mit alten Jacken, die über die normalen Kleider gezogen werden, können die ersten Erfahrungen zum Aneinander-geheftet-Sein gemacht werden, ohne dass die Kleidung darunter leidet.

Einfache Spiele mit Sicherheitsnadeln
- Die Kinder befestigen große Sicherheitsnadeln an Stoffstücken.
- Die Kinder sortieren unterschiedlich große Sicherheitsnadeln nach Größe und befestigen sie aneinander.
- Mit den Sicherheitsnadeln werden Formen, Muster oder Figuren gelegt.
- Die Sicherheitsnadeln werden mit einem Magneten aus anderen Materialien heraus gefischt.

CDs

CDs fallen im häuslichen und institutionellen Umfeld immer wieder an. Werden sie gesammelt, entsteht schnell ein großer Vorrat, der zudem wenig Lagerplatz in Anspruch nimmt. Kinder beschäftigen sich gerne mit diesem Material, da es sich vielseitig verwenden lässt. Zudem glitzert die gelaserte Seite in den schillerndsten Farben, wenn die Sonne darauf fällt. Die CDs können sowohl im Kreativ- als auch im Spiel- und Bewegungsbereich vielseitig eingesetzt werden.

Achtung, Ufos!

Förderschwerpunkte: visuelle Wahrnehmung, Grob- und Feinmotorik
Material: 2–3 CDs pro Kind, Reifen, Kreide, evtl. wasserfeste Farbstifte

Jedes Kind bekommt 2–3 CDs. Die CDs sollten sich farblich voneinander unterscheiden. Eventuell können die Kinder ihre Ufo-CDs auch mit wasserfesten Stiften gestalten. Mit Kreide wird ein großer Kreis auf den Boden gezeichnet. In die Mitte des Kreises kommt der Reifen als Ufo-Landeplatz. Die Kinder stellen sich entlang der Markierung auf. Sie versuchen nun ihre Ufos möglichst in den Reifen zu werfen. Sie sollten wie Frisbeescheiben geworfen werden. Sind die Ufos gelandet, sammeln die Kinder alle eigenen CDs ein, die nicht im Reifen liegen. Wer schafft es zuerst, alle seine Ufos genau auf dem Landeplatz abzusetzen?

> Unter den Permanent-Markern, die sich zum Beschreiben von CDs eignen, enthalten etliche giftige Bestandteile. Solche Stifte sollten auf keinen Fall verwendet werden.

Tanz der CDs

Förderschwerpunkte: visuelle Wahrnehmung, Feinmotorik, akustische Wahrnehmung
Material: CDs

Jedes Kind nimmt sich eine CD. Diese wird auf dem Tisch aufgesetzt. Durch schnelles Andrehen wird sie in Schwung gebracht und dreht sich nun wie ein Kreisel um sich selbst.

Sind die Kinder im Drehen geübt, können sie einen kleinen Kreiseltanzwettbewerb starten. Welches Kind kann seine CD so geschickt drehen, dass sie am längsten auf dem Tisch tanzt?
Der CD-Tanz ist auch zu hören. Dazu legen die Kinder ein Ohr auf den Tisch. Sie heben den Kopf erst wieder, wenn keine CD mehr ein Geräusch von sich gibt.

Sahnehäubchen

Förderschwerpunkte: Grob- und Feinmotorik, visuelle Wahrnehmung
Material: CDs, Wattebällchen

Die Kinder bilden Gruppen. Jede Gruppe erhält die gleiche Anzahl an CDs. Diese werden ca. 2 bis 3 Meter von der Gruppe entfernt auf dem Boden ausgelegt. Der Abstand sollte nicht zu weit sein, da das Pusten sehr anstrengend ist. Die CDs sollen kleine Kuchen darstellen, die Wattebällchen sind die Sahnehäubchen.
Nach dem Startzeichen legt das erste Kind jeder Gruppe seinen Wattebausch auf den Boden. Es muss ihn zu einer CD seiner Gruppe pusten und genau in der Mitte der CD platzieren. Das Kind läuft zurück zu seiner Gruppe und das nächste Kind ist nun an der Reihe. Welcher Gruppe gelingt es zuerst, alle kleinen Kuchen mit einer Sahnehaube zu verzieren?

Variation für jüngere Kinder: Die CDs liegen auf dem Boden. Die Kinder sorgen gemeinsam dafür, dass jeder Kuchen ein Sahnehäubchen bekommt.

Einfache Spiele mit CDs
- Die Kinder experimentieren mit CDs. Sie können sie aufeinander stapeln, rollen, drehen, über den Tisch oder den Boden schieben.
- Die Kinder legen mit vielen CDs Muster oder Figuren auf den Boden.
- Die Kinder legen eine oder mehrere CDs auf unterschiedliche Körperteile und transportieren sie ein Stück.
- Die Kinder fangen mit einer CD Sonnenstrahlen ein, die als Punkt auf der Wand, der Decke oder einem Gegenstand sichtbar werden.
- Die Kinder fädeln CDs auf einem Faden auf. Als Abstandhalter können dicke Perlen mit aufgereiht werden, sodass eine CD-Schlange entsteht.
- Die Kinder befestigen die CDs an Fäden und hängen sie als Mobile im Raum oder im Freien auf. Fällt die Sonne darauf, entstehen schöne Lichtreflexe.

Wasser marsch!

Förderschwerpunkte: Grob- und Feinmotorik, visuelle Wahrnehmung, mathematische Vorläuferkompetenzen

Material: CDs, Schnur, Schere, Wasserpistolen, wasserfester Stift

 Bei diesem Spiel für laue Frühlings-, warme Herbst- und heiße Sommertage werden die CDs mit Schnüren in den Ästen eines Baums befestigt. Je größer der Baum ist, umso mehr CDs können daran hängen und umso mehr Kinder können gleichzeitig aktiv werden.

Jedes Kind erhält eine gefüllte Wasserpistole und dann heißt es: „Wasser marsch!" Die Kinder versuchen die CDs mit dem Strahl der Wasserpistole zu treffen. Jede getroffene CD ist daran zu erkennen, dass sie sich nach dem Wasseraufprall leicht dreht.

Die CDs können vor dem Aufhängen mit Zahlen beschriftet werden. Die Kinder versuchen, jede CD einmal zu treffen. Dabei sollten die letzten Zahlen an schwer erreichbaren Stellen hängen. Wer schafft es, alle CDs mit Wasser zu bespritzen?

Die wachsende Raupe

Förderschwerpunkte: Feinmotorik, visuelle Wahrnehmung, mathematische Vorläuferkompetenzen

Material: CDs, Zahlenwürfel mit den Zahlen 1 und 2

Das Spiel wird am besten auf dem Boden gespielt, da die Kinder hier ausreichend Platz haben, um lange Raupen zu legen.

Die CDs liegen in der Spielfeldmitte. Die Kinder würfeln reihum. Die gewürfelte Zahl gibt an, wie viele CDs sie sich aus dem Vorrat nehmen dürfen. Die CDs werden etwas übereinander in einer Reihe als Raupe vor dem Kind ausgelegt. Das Spiel ist beendet, wenn alle CDs ausgewürfelt wurden.
Welches Kind hat die längste Raupe vor sich liegen? Die Kinder zählen nach.

Bilder-Legespaß

Förderschwerpunkte: Feinmotorik, visuelle Wahrnehmung, Kreativität
Material: CDs

Die Kinder legen mit den CDs Bilder, Figuren, Formen, Muster, Zahlen, Buchstaben usw. auf den Boden. Je nach Alter der Kinder können auch bestimmte Vorgaben gemacht werden. So soll jedes Kind bzw. jede Gruppe ein lustiges Gesicht, eine Blume usw. legen. Die Spielleitung weist die Kinder darauf hin, dass die beiden Seiten der CDs in die Mustergestaltung mit einbezogen werden können.

> 1969 entwickelte der holländische Physiker Klaas Compaan erstmals eine laserabgetastete Platte. Dies war der Vorläufer der heutigen weltweit bekannten Compact Disc. 1982 wurde dann der erste CD-Spieler samt CD der Öffentlichkeit vorgestellt. Seitdem hat sich das Format der CD ständig erweitert. Die Compact Disc dient neben der Speicherung von Musik auch zur Speicherung von Daten für Computer und in leistungsfähigerer Ausprägung als DVD (Digital Versatile Disc) zur digitalen Aufnahme von Filmen.

Pizzaservice

Förderschwerpunkte: Grob- und Feinmotorik, visuelle Wahrnehmung
Material: CD, kleine Materialien (Knöpfe, Korkscheiben, Wollfäden o. Ä.)

Die Kinder sitzen im Kreis. Ein Kind belegt die CD mit den kleinen Materialien wie eine Pizza. Dieses Kind beginnt auch mit dem Spiel. Es verwandelt sich in einen Pizzaboten, der die Pizza zu einem anderen Kind im Kreis trägt. Beim Transport darf natürlich nichts herunterfallen. Geschieht doch ein Missgeschick, muss das, was heruntergefallen ist, nicht wieder aufgelegt werden. Das sitzende Kind nimmt die Pizza entgegen und trägt sie wiederum zu einem anderen Kind. War jedes Kind einmal in der Rolle des Pizzaboten, ist das Spiel zu Ende. Wie viele Zutaten befinden sich am Ende noch auf der Pizza? Schafft die Gruppe es vielleicht sogar, dass nichts auf den Boden fällt?

Variation für ältere Kinder: Die Kinder veranstalten einen Pizzaboten-Wettstreit. Wem es gelingt, die Pizza über eine festgelegte Strecke oder über einen Parcours zu transportieren, ohne dass etwas herunter fällt, der wird zum Ober-Pizzaboten ernannt.

Smileys suchen

Förderschwerpunkte: Grob- und Feinmotorik, visuelle Wahrnehmung
Material: CDs, wasserfester Stift

Die Spielleitung malt auf 2 bis 3 CDs einen Smiley. Dann werden diese bemalten CDs mit vielen anderen im Raum verteilt ausgelegt. Die Smileys sind dabei nicht zu sehen! Nach dem Startzeichen beginnt die Suche. Welches Kind findet einen Smiley?

SPIELEREGISTER

Ab in den Teich   27

Ab unter den Deckel   53

Achtung, Gefahrguttransport   15

Achtung, Ufos!   74

Alle gemeinsam   51

Aneinander geheftet   73

Anpusten   48

Auf Schlangenfang   38

Beim Friseur   64

Bilder-Legespaß   77

Blechdeckelrasseln basteln   56

Blitzlicht   59

Bordüren legen   65

Briefträger, lauf!   60

Das Brieftäubchen   58

Deckel-Farbspiel   54

Deckelkreise suchen   52

Deckelsuche   55

Den Schatz befreien   38

Den Weg entlang   28

Der Flug der Schmetterlinge   47

Der Schachtelschleuderwettkampf   22

Der Schatzwächter   18

Der Zug im Tunnel   72

Die Bildergeschichte   61

Die Glückskiste   16

Die Klammerkette   64

Die Überraschungskiste   14

Die wachsende Raupe   77

Die wachsende Schlange   69

Die Zugfahrt   11

Diese Hand muss weg!   31

Einkaufspiel   20

Einmauern   14

Fadengetümmel   42

Fadenschreiberei   45

Farbenspiel   63

Festheften   71

Formen ertasten   34

Gekröntes Haupt   19

Hüpfspiel   23

Ich stecke in den Briefumschlag...   62

Knopf-Verdreherei   27

Knopfbilder gestalten   26

Knöpfe zählen   28

Knopfloch, Hosenknopf, Druck-
knopf ...   25

Knoten zählen   37

Kopiergeräte   67

Kordel-Metermaße   43

Kreisbilder gestalten   55

Lange Schlangen 36
Lastwagenspiel 12
Leicht oder schwer? 19

Nadeln angeln 70

Paketpost 20
Partnersuche 60
Perlen aufstecken 68
Pizzaservice 78
Plus und Minus 65
Putztag 32

Reihen bilden 24
Rettet die Schmetterlinge 49

Sahnehäubchen 75
Sandpusterei 48
Schieberei 15
Schiffstransport 57
Schlangen fangen 35
Schleichende Indianer 17
Schnurrbartgespräche 44
Schnürsenkel einfädeln 35
Schnürsenkel-Memory 37
Schwammige Suche 33
Schwieriger Pakettransport 13
Sich dem Druck stellen 56

Sicherheitsnadel-Mikado 71
Sicherheitsnadel-Versteckspiel 72
Smileys suchen 78
Spaghetti-Salat 40
Spinnennetz 42

Tanz der CDs 75
Teppich verlegen 50
Trinkhalmbilder 50
Turmbau 31

Verschlusssache 21
Verstecksuche 29

Waschtag 16
Wasser marsch! 76
Wassertransport 32
Welches Bild versteckt sich hier? 30
Wettsaugen 46
Wie viele Klammern sind jetzt hier? 66
Wie viele Knöpfe sind zu sehen? 25
Wilde Wollwickelei 41
Wo geht es lang? 40
Wollfäden schnappen 44

Zählarbeit 70
Zahlenkreise 66

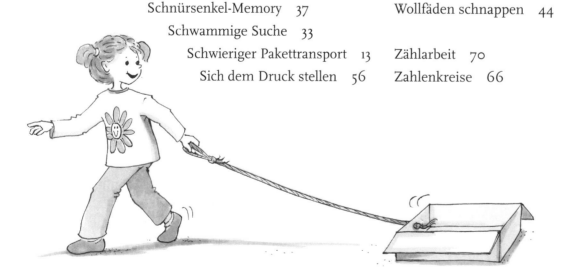